Holländische Möbel Und Raumkunst Von 1650-1780

Jonge, Caroline Henriette de, 1886-, Vogelsang, Willem

BAUFORMEN-BIBLIOTHEK
BAND XIII

HOLLÄNDISCHE MÖBEL
UND RAUMKUNST
VON 1650—1780

Herausgegeben von
Dr. C. H. DE JONGE

Eingeleitet von
Dr. W. VOGELSANG

MIT 434 ABBILDUNGEN

STUTTGART
VERLAG VON JULIUS HOFFMANN

Spiegel mit vergoldetem Rahmen.
Um 1700

Cornelius Troost, Holländische Wochenstube. Kupferstich

INHALT

Porzellanschr. Haag

Vitrinenschrank aus Nußwurzelholz.
. . . Modell um 1740

Altarvorsatz in holländischer Boullearbeit mit Schildpatt-, Messing- und Silbereinlagen.
Um 1720.

EINLEITUNG

Das holländische Mobiliar der zweiten Hälfte des 17. und der ersten Drittel des 18. Jahrhunderts hat bis jetzt im Auslande wenig allgemeine Beachtung gefunden. An größeren, gut ausgeführten Tafelwerken, wie Sluytermans „Oude Binnenhuizen in Nederland", wie das mit scharfen Netzätzungen ausgestattete Buch „Kasteelen, Buitenplaatsen, Tuinen en Parken van Nederland")[1], und anderen ähnlichen Publikationen, zu denen auch „Holländische Möbel im Niederländischen Museum zu Amsterdam")[2] zu rechnen ist, hat es zwar nicht gefehlt. Allein all' diese Werke brachten die späten Innenräume und Möbel ohne irgend welche bestimmte Absicht, entweder eingereiht in das Ganze als zugehörigen Abschluß oder wie zufällig eingestreut zwischen Beispielen früherer Epochen.

Wer heute von holländischen Möbeln spricht, hat zumeist die Kultur vom Ende des 16. und dem ersten Drittel des 17. Jahrhunderts vor Augen. In den allgemein zugänglichen Schriften, welche die Tagesmeinung bestimmen, ist für die Spätzeit so viel mit den Begriffen: Verfall und Niedergang operiert worden, dass man sich kaum die Mühe nahm, das Material selbst in den näheren Gesichtskreis zu ziehen. So richtig nun solche Beurteilungen gelegentlich im großen Zusammenhang sein mögen, so falsch ist es, sich wertvoller Erkenntnis dadurch zu verschließen. Die vorliegende Veröffentlichung hat den Zweck, gerade die erwähnte Epoche gerechterem Urteil zugänglich zu machen, mittelst einer großen Anzahl von Aufnahmen der im allgemeinen wenig bekannten Werke aus holländischem Besitz. Die Mehrzahl davon stammt aus holländischem Privatbesitz und wird hier zum erstenmal veröffentlicht. Dabei ließ sich nicht vermeiden, daß auch einige schon anderweitig veröffentlichte Arbeiten abermals

[1] Scheltema & Holkema's Boekhandel, Amsterdam.
[2] Willem Vogelsang. Holl. Möbel etc. Amsterdam, Scheltema & Holkema.
Man vergleiche auch S. Muller und W. Vogelsang. Holländische Patrizierhäuser. Verlag A. Oosthoek-Utrecht 1909 und K. Sluytermann. Huisraad en Binnenhuis in Nederland. Haag. M. Nijhoff 1918.

eingereiht wurden, damit das Gesamtbild nicht gar zu viel an Anschaulichkeit verlor. Die nun vorliegende Sammlung von Innenräumen und Möbeln aus der Barockzeit in den Niederlanden wurde schon 1914 begonnen. Nachdem der Krieg ihr Erscheinen vereitelte, geht sie erst jetzt, noch um manches Stück vermehrt, hinaus.

Der Text unter den Tafeln enthält nicht mehr als das allernötigste: Benennung, Angabe über Holzart und etwaige Ergänzungen, schließlich stilkritische Datierung, wenn anders keine authentische Zeitbestimmung möglich war! Ferner Angabe des Standorts und Besitzers. Der einleitende Text soll keineswegs jedes Bild von neuem behandeln, sondern nur den geschichtlichen und ästhetischen Zusammenhang des Materials in knappster Form beleuchten. **Dr. C. H. de Jonge.**

Niederländisches Museum, Amsterdam. Kat. 29

Eichene Wandverkleidung mit Schränken. Aus dem Aussätzigen-Spital in Amsterdam. Ursprünglich grün gestrichen und weiß gefaßt. Zweite Hälfte des 17. Jahrhunderts

HOLLÄNDISCHE MÖBEL UND RAUMKUNST
VON 1650—1780

Als Chrispiaen van de Passe der Jüngere im Jahr 1642 seine bekannten Blätter für den Möbelschreiner herausgab, brachte er — nach dem ins Ungeheuere gewachsenen Schwarm von Vorlageblättern, mit denen die Vredeman de Vries das Land überschwemmt hatten — nichts Neues mehr, weder dem Publikum noch dem Handwerker. Denn wer sollte sich damals noch begeistern für die zierlich geschnitzten, hartkantigen Bänke und Tische, für die hager und niedlich dekorierten Klappstühle und Hängeschränkchen? Das schmeckte doch alles gar zu sehr nach den Festgaben der Floris und Bos, erinnerte an die strengere Kultur des Ducerceau, kurz, schien übriggeblieben und aufgewärmt aus einer Zeit, die allenfalls einen Abraham Bosse, einen Willem Buytewegh, jenen Beobachter eckiger Grazie und gespannter Eleganz, hatte fesseln können. Jetzt mochten solche Formen ihre Existenz nur mehr in den Werkstätten der Provinzschreiner fristen. Da, wo das Leben pulsierte, sich mit Neuem vollsog und Neues gebar, wußte man von ganz anderen ästhetischen Werten. Ein Blick auf die Stammkunst der Möbelschreinerei, auf die große Architektur genügt, um dies zu beweisen.

Die ursprünglich vlamische, aber im Norden sehr unterschiedlich abgetönte, etwas spröde Kunst des Lieven de Key und seiner Mitarbeiter, ebenso wie die eigenwillig frische, in den dekorativen Teilen schon weichere Formensprache des Amsterdamer Stadtbaumeisters Hendrick de Keyser, die von Nachahmern und Genossen in die entlegensten Teile des Landes getragen worden war, gehörte im zweiten Drittel des 17. Jahrhunderts der Vergangenheit an. Sie war der Gefühlsausdruck eines anders gearteten Geschlechtes gewesen. Beweglich und flott mit entschiedener Neigung zur Asymmetrie der Achsen, häufig gotisierend, bröckelig und spielerisch, wie jene Bauformen waren, spiegelten sie ein Temperament, dessen wichtigste Eigenschaft man Regsamkeit nennen möchte. Man hat oft auf das Temperament des Frans Hals verwiesen, und man ist noch weiter gegangen und hat die an und für sich nicht ganz glückliche Parallele dahin erweitern wollen, dass man in der Buntheit der Hausteinstreifen zwischen dem roten Backstein sogar etwas dem Hals'schen Pinselstrich Analoges erkennen wollte. Jedoch mit solchen schlagend sein sollenden Vergleichen kommt man dem innerlich Gemeinsamen nicht bei. Es ist stets eine üble Sache, Einzelheiten verschiedener Künste zu vergleichen. Das ganze Gehaben der Bauten mit ihren von knapp eingerollten Voluten eingeschnürten Giebelaufsatzen, das viele Nebeneinander der Einzelteile, die Schnelligkeit der Kurven und Schwingungen, die ganze verhaltene Spannkraft der spezifisch holländischen Bauweise um 1600 hat in ihrer Gesamterscheinung weniger mit dem Stil des verhältnismäßig breitgestaltenden Haarlemer Malers, als mit jenem der präzisen Zeichner, wie E. van de Velde, Goltzius, de Gheyn, zu tun. Dieser Stil ging aber, auch in der Malerei, mit jenem Geschlecht zu Ende.

Holland lebte damals schon in einer Reaktion, die sich einerseits logisch erklären läßt aus einem vagen Übersättigungsgefühl, welches eine abgenutzte Formensprache erzeugt hatte. Andererseits fand sie ihre äußerliche Festigung in der jetzt erst zur vollen Reife erblühten Erkenntnis vom Wesen jener Kunstwerke der italienischen Renaissance, die man seit einem Jahrhundert nur äußerlich übernommen hatte.

Nach den reinen Empiristen und Beobachtern siegten nun die Tuftler und Theoretiker, die Kenner. Statt der Ornamentik zog immer mehr die Ruhe ein, sogar etwas von der ernsten Schwere der italienisch-französischen Barock-Architektur. Den weitreichendsten Einfluß mag mit solchen Ideen der fruchtbare und beliebte Architekt Philip Vingboons gehabt haben, der so recht den Geschmack des tonangebenden Publikums zu treffen wußte, da er die strenge Richtung mit den historisch gewachsenen Bedürfnissen des Landes, im besonderen der herrschenden Klasse, in Einklang zu bringen vermochte. Man kann von seinen Werken ausgehen — die ja schon 1648 zum erstenmal herausgegeben wurden — wenn man sich Klarheit darüber verschaffen will, welches Ziel den tektonischen Künstlern jener Zeit vorschwebte.

Der Umschwung ist so groß, wie er nur in einem Lande denkbar ist, das sich eben wie neugeboren fühlt und das alte Kleid geflissentlich abstreift. Zwar erkennt man noch den alten Staffelgiebel, zwar ließ sich die winklige Anlage der Grundrisse selten ganz vermeiden. Auch die Überhöhung der Untergeschosse mit den von de Keyser zuerst schon angeordneten Freitreppen vor den Haustüren bleibt im Grunde gleich. Aber alle Flächen haben sich vergrößert, die Massen sind gewachsen, Bewegungshemmungen in den Pilaster-Stellungen, wie Imposte, Schaftbänder und dgl., werden breit verteilt, manchmal auch ganz ausgeschaltet. Hendrik de Keysers Schule hatte noch die, gotische Neigungen fortbildenden, Bogenblenden, die Eselsrücken, die Tudor- und Trapezbogen bevorzugt und solcherlei Zierat mit den lappigen Rollwerkstreifen zu verquicken gewußt. Jetzt glättet sich das Material. Die Backsteinflächen verlieren die Sprenkelung mit hellem Haustein, die Hausteinteile werden sauber gefugt, oder zeigen jene merkwürdig urbanisierte Rustica mit durchgehenden Horizontalfugen, wie Vingboons sie an den Untergeschossen anzuordnen pflegt. Es ist keine Kunst zu sagen, daß hier Palladios, Vignolas, Scamozzis, endlich de Lormes Werke vorbildlich geworden sind. Das architektonische Gefüge der Bauten des sog. Klassizismus kann diese Bemerkung auf Schritt und Tritt bestätigen, was nicht zu verwundern ist, wenn man sich klar macht, daß Frankreich dabei fast immer vermittelte. Aber mit solch allgemeinem Hinweis trifft man das Wichtigste, die Sonderart der holländischen Übersetzung nicht. Die Unterschiede klaffen tief. Wo sind denn die in Frankreich stereotypen Ausladungen und Vorsprünge hingekommen? Wo bleibt die ganze Modellierung der Fronten? Welche überraschend neuen Effekte bedingt die Farbe des Materials? Wie ein flaches Gerüst schmiegen sich die Pilaster-Ordnungen mit ihren Architraven und Simsen vor

die Wände. Die gotische Fensterproportion wird nie ganz unterdrückt. Aus der Ebene treten nur die spärlich verteilten Akzente der Festons und Anlaufsvoluten, der eckigen oder halbrunden Fensterverdachungen heraus. Nur die Kartuschen quellen auf und zeigen ein wunderliches Eigenleben. Und an Möbeln, wie an der Innendekoration offenbart sich, wie wir sehen werden, dasselbe neue Stilgefühl. Man hat sich daran gewöhnt, diesen Abschnitt als die Periode des holländischen Klassizismus zu bezeichnen. So etwas wie holländisches Barock gibt es in den Handbüchern und Monographien überhaupt nicht. Und doch steht einer solchen Bezeichnung nichts anderes im Wege, als die nur scheinbar so vollständige Anlehnung an den französischen Klassizismus. Das Wort wäre für Frankreich richtig geprägt und für das vielfach akademische Gebaren des Zeitalters Ludwig XIV durchaus berechtigt. Für Holland aber ist es irreführend. Denn dort ist diese Phase der Fortsetzung jener Stilart, — der man nun mal auch im Norden den Namen Renaissance gegeben hat — zum größten Teile nichts anderes, als was eben der Barockstil des späteren 16. Jahrhunderts für Italien bedeutet hatte: die Steigerung des Massigen, das Herausarbeiten des Kubischen, die Tendenz zur malerisch großflächigen Wirkung. Erst so versteht man die Parallelentwicklung der holländischen Malerei vom zweiten Drittel des 17. Jahrhunderts an, die doch wohl kein Mensch eine klassizistische nennen würde. In diesem Sinne sei es uns erlaubt, auch von einem holländischen Barockstil zu sprechen, dem kein Kenner seine Eigenart absprechen wird.

Wir müssen aber noch in einer anderen Beziehung unseren Standpunkt näher beleuchten, in bezug auf die ästhetische Wertung. Wer von einer Reise kame, die ausschließlich den Werken der Insurrektionszeit, also dem letzten Jahrzehnt des 16. und den ersten Dezennien des 17. Jahrhunderts gegolten hatte, und nun plötzlich Gefallen finden sollte an der zweifellos so viel einformigeren Kunst der Architekten und Dekorateure, deren Blüte um die Mitte des Jahrhunderts fällt, der wird hier vielleicht den Eindruck einer gewissen Uniformierung von oben herab störend empfinden. Erleben doch begeisterte Italienfahrer, die auf Florenz und Oberitalien eingeschworen sind, dasselbe bei ihrer ersten Romreise. Überall, wo das Ernste und Gewichtige an Stelle des Leichten und Heiteren tritt, überschleicht uns so etwas wie ein Gefühl verlorener Jugend.

X

Darin liegt ja wohl auch der Grund, daß die modernen Autoren fast alle — sei es nun auf oder zwischen den Zeilen ihrer Schriften — eine gewisse Geringschätzung an den Tag legen, wenn es an dieses Kapitel geht. Nimmt man sich den Stoff einmal gesondert vor und überwindet man jenes gewisse Vorurteil, so zeigt sich das Talent eines Jacob van Kampen, Post, Vingboons, ja sogar die mindere Begabung der Dorsman, Husly, Vier-vant und wie sie alle heißen mögen, durchaus adäquat dem herr-schenden Kunstwollen, wie es sich anderwärts in Malerei, Kleidung, Schmuck und Literatur zeigt. An und für sich ist gewiß nichts gegen die Barockkunst der holländischen Blütezeit zu erheben. Sie ist prin-zipiell gleichberechtigt mit der Kunstform des vorhergegangenen Zeitalters, das sich so lebhafter Sympathien erfreut. Der Vorwurf, diese Kunst sei eine entlehnte, ist, mindes-tens für den ersten Ab-schnitt dieser Periode, unberechtigt. Der hol-ländische Barockstil ist eine selbstsichere Um-wertung italienisch-westeuropäischer Formen, genau so, wie es die holländische Re-naissance war. Geistlose Nachahmung zeigt sich erst mit dem vollkommenen Überwiegen der fran-zösischen Einflüsse im 18. Jahrhundert. Aber auch dann noch ist in der Art der Anlehnung, in der Auswahl und Beschränkung der Motive so viel Selbständigkeit, daß es sich lohnt, das Konstante daraus hervorzuheben, vielleicht umsomehr, da es an moderne Bestrebungen anklingt. Denn es ist geradezu erstaunlich, mit wie sparsamen Mitteln die holländischen Baumeister und Möbeltischler ihr Ziel zu erreichen suchten, in einer Zeit, welche sich sonst in ganz Europa kaum an Zierat sättigen konnte.

Es bleiben der holländischen Kunst jener Jahre (bis um 1770), wo Maler von großer Bedeutung nicht mehr zu nennen sind, im schlichten Bau-betrieb und in der Raumausstattung eine Würde und „Deftigkeit", wie sonst nirgendwo. Zwar wird der Kultus des Materials an und für sich auf die Spitze getrieben, aber die beschränkte Auswahl der Materialien sichert vor Überladung, der kon-servative Geist bändigt alsbald jeden über-schwenglichen Trieb.

Wer die Theoretiker von Pieter Coeck an bis Vredeman de Vries durchmustert, spürt die Sucht zur Steigerung der ornamentalen Zu-tat. Wer dann Symon Bosboom[1]) (1614 bis 1670), den Scamozzi-theoretiker der van Kampen-Zeit, auf-schlägt und die vielen Neuauflagen, oft mit anderen, zum Teil über-setzten Traktaten zu-sammengebunden, stu-diert, bemerkt alsbald, daß die Adepten von nun an anders belehrt werden.

Auch im bekannten Malerbuch des Lairesse

Reichs-Museum Amsterdam. Kat. 1144

1. Bartholomäus van der Helst, Bildnis der Prinzessin Maria Henriette Stuart. 1652

[1]) „Cort Onderwys van de vyf Columnen", door Sy-mon Bosboom, Stadtssteen-houwer tot Amsterdam nyt den Scherpzinnigen Vincent Scamozzy getrocken. Am-sterdam by Justus Danckerts 1657; oft zusammen mit: Verscheyde Schoorsteenmantels nieu-lyk geinventeert door Mr. Bullet etc. und mit dem rein konstruktiven Teil des J. Danckerts, der aber nur Dachstühle und derartiges behandelt. Stiche von Kessel.

Ich notiere hier die mir vorliegenden Ausgaben von 1657, 1682, 1694. Es gibt aber auch noch einen merkwürdigen Spätdruck von 1754 bei Ottens erschienen, der den zusam-menfassenden Titel „1 Dubbelt Bosboom" trägt. Auch damals ist also das praktische Buch, trotz nur geringfügiger Erwei-terungen, noch gerne gekauft worden. Die Bearbeiter Jansz, Philips und Jacobus Houthuizen (Meister Zimmermann) fügen aber der alten Kupferplatte mit einem einfachen säulengetra-genen Kaminschacht doch die Bemerkung zu, man habe solche Kamine früher mehr als jetzt gemacht.

Für Leiden besorgte eine solche Arbeit Joost Vermaarsch 1664, Neuauflage 1684. Offenbar war also die Nachfrage nach solchen Büchern sehr stark.

XI

ist die Architektur mit einbezogen, insofern es sich um Dinge handelt, die dem Maler von Decken und Wänden, von Kaminbildern und Supraporten wichtig sein können. Und auch hier fehlt die eindringliche Predigt von der Wirkung des Einfachen und Großen nicht.

Unter solchen Umständen konnten die gern verwendeten Entwürfe des Daniel Marot[1]), Picard[2]),

Neubildungen der alten Ornamentik ergangen. Es ist bekannt, dass das anfänglich so spröde Rollwerk, „jenes Geschlinge von zähen oder gar metallartigen Bändern und Streifen, mit den eckig ausgelappten Kartuschschultern", schon in den späteren Jahren des Hendrik de Keyser (Rathaus in Delft 1619, Tor in Dordrecht 1618) vollere Formen annimmt, um sich zum Teil alsbald zu jenem knorpe-

Zentral-Museum, Utrecht. Aus Muller und Vogelsang, Holländische Patrizierhäuser

2. Gesamtansicht des Utrechter Puppenhauses. 1674—1690

Jacob Scubler[3]), später sicher auch die des eleganten Briscux mit ihrer Prachtentfaltung, die sich auf dem Papier nicht immer ungefährlich ausnimmt, keinen allzu großen Schaden anrichten.

In der Ausführung vereinfachte man überall. Ebenso war es ja früher schon den wunderlichen

ligen, lappigen Charakter umzubilden, den man ja auch in deutschen Landen trifft und gelegentlich mit dem Namen „Ohrmuschelstil" bezeichnet hat.

Neben diesen Bildungen aber entwickelt sich von vornherein in Holland eine siegreiche Abart, deren Charakteristik meines Wissens zuerst schon C. Neu-

[1] Marot, Daniel und Jean, Vater und Sohn. Vom Vater … wie ja bekannt ist, der große Saal im heutigen Binnen- … Dordrecht, um 1687. Sein Werk „Nouveau Livre de Tabo- … Porte et de Cheminées inventés et gravés par … ebenso verbreitet gewesen sein, wie die im … Sammlung „Recueil des Planches des …

[2] Grondige en duidelyke onderwyzing der volkomenen Kolommen Zooals men dezelve in de Heedendaagse Bouw-Kunst gewoon is te gebruiken … geinventeert en geteekent door den grooten Bouwkunstenaer. Jan Jacob Scubler … uyt de Hoogdutse in de Nederlandse Spraak evergezet door H. v. Oord. Amsterdam im Verlag des Petrus Schenk 1728. Das Büchlein enthält manche echt deutschbarock wirkende …

3. Gesina van der Borch, Innenraum. Aquarelizeichnung 1669

4. T. Regters, Innenraum. Guaschzeichnung um 1760

mann in seinem Rembrandtbuche geliefert hat[1]).
„Bei diesem Ornament kommt es in der Haupt-
sache darauf an, jede Fläche in rundlichen, weichen
Wölbungen sich bewegen zu lassen und auch sämtliche Umrisse in diese Bewegung einzubeziehen,
so daß die ganze Masse bald gallertartig zu fließen
scheint, bald häutig gerinnt, gedehnt, gebeult und
aufgebläht wird, kurz, ein schier formloses oder
doch nurformandeutendes
Gebilde
wird, das der
Phantasie
überall freies
Spiel lassen
kann und so
wie im Zufall
aus dem
zähen Strudel
Ungeheuer
aller Art erzeugt: „Muscheln und
Delphinköpfe
und -leiber,
Gesichter und
Masken, die
sich dann wieder in blutegelartigen
Larven, Kerben und Rüsseln, Wam

Jene Meister aber, selbst Goldschmiede, dachten „sicherlich in Edelmetall" und ihre erhaltenen
Werke sind da, um zu beweisen, welche ungeahnten
Eigenschaften man dem Silber gerade bei solcher
Formgebung abringt. Trotzdem haben auch sie,
wie die Untertitel ihrer Bücher beweisen, bewußt
anderen Gewerben zur gleichen Zeit Anregung
bieten wollen, und hier tritt dann immer eine Vereinfachung
und materialgerechte Änderung ein,
sobald es an
die praktische
Ausführung
geht.
Was überhaupt diese
ganze Stilart,
die mit die
wichtigste
und erste Barockform der
holländischen
Kunst ist, bezweckt, hat
Neumann
ebenfalls bereits ausgesprochen,
wenn er ausführt, wie
diese geron

Freiherr van Tets, Zeist

5. Holländischer Maler, Innenraum mit Familiengruppe. Um 1760

pen, Lappen, Warzen und Wirbeln mit Fortsätzen
verlieren"[2]). Wenn man diese verquollene Ornamentik, die bei Lutma manchmal wirklich den
Querschnitten durch irgend ein anatomisches Präparat ähnelt, auf dem Papier sieht, wie sie uns
in den Werken der Vianen[3]) und Lutma[4]) vorliegt, so wundert man sich, wie eine solche Vergewaltigung aller harten Materien, eine solche Verneinung aller Eigenschaften der zu bearbeitenden
Rohstoffe noch ein befriedigendes Resultat geben
konnte.

nene Zerflossenheit dem Lichte überall Ansatzflächen bietet, kaum volle Schatten haften läßt
und in „ihrer nimmer ruhenden Oberfläche denselben Geist malerischen Empfindens offenbart,
der im 17. Jahrhundert in der Malerei seinen höchsten Ausdruck finden sollte in dem Namen Rembrandt". Wo es möglich war, wurde die metallische Wirkung nicht verschmäht. Einen ganz aus
Silber getriebenen Thronsessel, wohl auf hölzernem Kern, finden wir auf dem Bilde der Mary
Henriette, der Gattin Wilhelms II. von Oranien
(Reichsmuseum Kat. No. 1144, Abb. 1) von van

[1] C. Neumann, Rembrandt, Berlin & Stuttgart, 1908, II.
[2] Neumann, a. a. O. S. 679.
[3] Hauptsächlich: „Constighe Modellen van verscheyden
Silver Vaten en andere sinnighe Werken" usw. „Van den
vermaerde H. Adam van Vianen Synde meerendels uyt een
[...] silver geslagen". Uitgegeven dor syne soon Christiaen
[...] tot Utrecht; mit Stichen mad Questel 1650;
[...] am Titel. Beispiele bei Neumann. Siehe unsere
[...]

dam A 1653. Nebst den „Festivitates auri Fabris Statuariis aliisque
qui artes amant perquam necessariae per Johannes Lutma 1684.
Die Übersetzung lautet: Verscheide Snekeryen (etwa mit
Schabernak zu übersetzen) dienstlich voor Goutsmits Beelthouwers en Steenhouwers en alle die de Const beminnen.
Amsterdam by Fred de Wilt. Schließlich auch Gerbrand
van den Eeckhout. Abbildungen zweier Kartuschen bei Neumann aus seinem „Diversers Compartiments", gestochen von
Clem. de Jonghe.

der Helst, und der Märchenprunk der modellierten gleißenden Bettgestelle des Gerbrandt van den Eeckhout[1]) und anderer Meister muß wohl irgendwo seinen Grund in der Realität haben. Daß man sich nicht davor scheute, auch plastische Arbeiten großer Künstler der Zeit gelegentlich ganz zu vergolden, um den Eindruck massigster Pracht an kostbaren Gebrauchsgegenständen zu erzielen, beweist die interessante Notiz, daß sogar der hochbegabte Bildhauer Rombout Verhulst einmal das Modell zu einem kleinen Bett liefert „een vergult ledikantie gemodelt van Verhulst"[2]).

Das alles ist nun wohl dazu angetan das Gefühl zu erwecken, die Neigung zu solchen schweren Formen hätte ihre Begründung in dem sehr gesteigerten Reichtum, und es mag kulturhistorisch denkende Leute geben, die hier lediglich einen Ausfluß gewisser, dem jungen Besitze eignender Protzigkeit wittern. Man darf aber nicht vergessen, daß etwaige Besteller solcher Dinge zwar derlei unkünstlerische Nebengedanken hegen können, daß aber die Künstler aller Zeiten und aller Länder mit ihren Werken ganz andere Gedanken und Gefühle zu suggerieren bestrebt sind und daß ihnen das Material als Handelsware gleichgültig bleibt. Immerhin ist der Zusammenhang nicht ohne Interesse, denn den vollen Ausdruck dafür, was die holländische Raumkunst damals sagen wollte, haben im synthetischen Auszug am klarsten gerade die Goldschmiede geprägt.

Dieser Exkurs hat uns von der Besprechung des allgemeinen Qualitätsurteils über die nordniederländische Barockkunst zwar etwas abgeführt, er enthält aber zugleich allerlei, was uns zu diesem Zwecke dient. Denn es ist klar, daß eine Formensprache, die so subtilen Empfindungen, wie sie der Genuß der Lichtführung voraussetzt, entsprechen soll,

6. Silberne Kanne. Entwurf von Adam van Vianen

schwieriger zu handhaben ist, als das Ornament, das schon durch seine Zeichnung gefällt. Das überall verschieden hohe Relief verlangt eine plastische Vorstellung, deren der frühere Schnitzer für seine fast gleichmäßigen Reliefflächen nicht bedurfte. So ist wenigstens die dekorative Arbeit für die Folgezeit viel schwieriger zu schablonisieren. Ihre, in gutem Sinne, virtuose Anwendung fällt nur wenigen Individualitäten zu. Diese Erwägung erklärt auch, warum die Zahl der unzulänglichen und rohen Produkte sich stark erhöht, und wir verstehen, daß eine ungleich größere Materialkenntnis nötig wird, um sich ein richtiges Urteil zu bilden. Dasselbe gilt für die darauf folgende Umformung der Vorlageblätter von Marot und Picard. Es trifft zu für die Kunst des Zeitalters Louis XV., in dem sich ein so stark konservativer Zug im holländischen Kunstschaffen geltend macht. Durchschnittlich wurden zwar auch diese späten Vorbilder, allerdings nach einem den Ausführenden selbst unbewußten Prinzip, für die Ausführung vereinfacht (Abbildungen 6—8). Aber nur in wenig Fällen geschieht dies mit genügendem Verständnis, um das Resultat trotzdem in sich geschlossen und vollwertig erscheinen zu lassen. Das ist an und für sich ein Grund, um das etwas verwahrloste Material der Spätzeit so vollständig wie möglich zu veröffentlichen.

Es wird gut sein, wenn wir uns nach diesen allgemeinen Erörterungen einmal den geordneten Serien der Einzelstücke zuwenden und einige Worte über die Interieurs unserer Epoche vorausschicken.

Die von Vingboons, van Kampen, Post, Stalpaert, s'Gravesande u. a. gebauten „Herrenhäuser" für die wohlhabend gewordenen Kaufleute und für die vornehme Welt — denn nur diese beiden Klassen können hier in Frage kommen — sind sich untereinander, Größe und Ausstattungsunterschiede abgerechnet, darin ähnlich, daß man ihnen das Bestreben der Baumeister anmerkt, möglichst große, regelmäßig-stereometrischen Körpern sich an-

[1]) Darstellung des David und der Bathseba. Abb. Klass. Bilderschatz No. 1588, früher Sammlung Laporte, Hannover. Ein ähnliches noch reicheres Bett auf einem Bilde von H. v. d. Myn. Auct. Fred. Muller, 14. Nov. 1905, aus der Sammlung „De Vienne" und Oude Kunst 1916 S. 5.

[2]) M. van Notten, Rombout Verhulst S. 81.

nähernde Innenräume zu schaffen. Der Würfel, der
doppelte oder um die Hälfte vermehrte Würfel,
der Würfel mit abgeschrägten Ecken, erscheinen als
ideale Raumformen; und diese Disposition duldete
schon ganz von selbst keine von den früher so be-
liebten, immerhin etwas abenteuerlichen Einbauten.
Hangekämmern, Spindeltreppen ohne vorge-
sehenes Treppenhaus, einfach in einem Winkel der
Diele aufsteigend – wurden verpönt. Zwar schleicht
sich doch manchmal wieder etwas von der alten Art
ein. Es kommen schließ-
lich in den großartigsten
Häusern vielfach jene
berüchtigten Kämmerlein
zustande, deren einzige
Beleuchtungsquelle die
Oberhälfte des Ober-
lichts von der Haustür
war. Aber das sind dann
doch Ausnahmen oder
dem Bauherrn gemachte
Zugeständnisse. Wo die
Architekten frei schalten
können, ist die Achsen-
führung, soweit das Ter-
rain es dem Grundriß
erlaubt, klar und schlicht,
und die vom Baumeister
gleich mit eingezeich-
neten, festen Ausstat-
tungsstücke, wie die
Kaminverkleidungen, er-
hielten damals ihre ent-
sprechende Gestalt. Die alten Konsolen oder Karya-
tiden verschwinden. Statt dessen wird die Feuerstelle von pilastergeschmückten Wänden flankiert,
oder zwei freistehende Säulen tragen das Gebälk
des mit einer Pilasterordnung und womöglich mit
einem Bilde geschmückten Schachtes. Zur Verzie-
rung der Wände dieser Zimmer und Säle, die noch
in dem ersten Drittel des 17. Jahrhunderts gewöhn-
lich einfach geweißt, seltener bemalt, teilweise
mit Stoffen bespannt oder von hohen Vertäfelungen
aus Eichenholz verdeckt waren, wurde nur allmäh-
lich anderes Material beliebt. Die schon im 16. Jahrhundert für bescheidene Abmessungen ange-
wandte Goldledertapete [1]) wird jetzt mit ihrem stark
vergrößerten Muster vom Boden bis zur Decke durch-

geführt. Das Fabrikat fand offenbar schon in den
fünfziger Jahren hinreichenden Absatz. Denn wir
erfahren an verschiedenen Stellen von heimischen
Goldlederfabriken [1]) in Amsterdam und Haag.

Daneben werden die großblumigen, gepreßten
Wollplüsche (Velours d'Utrecht beliebt, auch Seide[2])
und die merkwürdige Spielart der sogenannten
Flockentapeten, die auf schablonierter Leinenunter-
lage in der Art der modernen Velourspapiere be-
stäubt werden. Andere Stoffe, die schon in der
vierziger Jahren erwähnt
werden, sind schwieriger
zu identifizieren. So
nennt einmal ein Inventar
(1646) eine Wandbe-
spannung mit „Kraeck-
stof" (in einem Inventar
des Batestein, Oud-Hol-
land). Als vornehmster
freilich auch teuerster
Schmuck bleibt der groß-
figurige, sich dem Ge-
schmack anpassende
Bildteppich, der passend
gewebte und einge-
spannte Gobelin, als des-
sen Surrogat man die in
Holland so verbreitete
ganz bildmäßig bemalte
Leinwand ansehen
möchte[3]).

Die gemeinsame Eigen-
schaft dieser Wandbe-

7. Salzgefäß mit Kain und Abel von Adam van Vianen.
Signiert A. D. Vianen. Fe. Aᵒ 1620

züge ist ihre breitflächige satte Farbigkeit. Zu diesem
dunkelbunten Gesamtton mußte alles stimmen,
der Anstrich des Holzes, der Kaminverkleidungen

[1]) Ich zitiere hier nur beispielsweise: Oud-Holland 189..
S. 39. (Anno 1652) über die Industrie in Haag „dat gouden
leerhuis", vgl. Oud-Holland 1894 S. 80, vgl. ferner Jac. Worm-
ser in der „Tydschrift voor Bouwkunst" Nov. 1913. Aus dem
Jahre 1687 datieren die Aufzeichnungen des Schwedischen
Architekten Tessin (herausgegeben in Oud-Holland 190..
S. 209 ff), der eigentlich alles Sehens- und Wissenswert
notiert und wichtige Notizen für unser Thema in jedem Ab-
schnitt gibt. Auch die Goldledertapete und deren Herstellung
beschreibt er. Eine gut geordnete, schöne Sammlung von
Beispielen besitzt das Nederlandsche Museum in Amsterdam.

[2]) Tessin a. a. O. erzählt von den Zimmern im Schloß Loo,
sie seien meist mit brocatellen möbliert.

[3]) Tessin a. a. O. teilt mit, wie er bei C. de Lairesse der
besten Landschaftsmaler in Amsterdam „so Jan Glauber heißt
kennen lernt, der eben arbeitet an „unterschiedlichen Stücken
die just währen gepast in den Lambrissaden (die niedere
Täfelung vom Ende des 17. Jahrhunderts; lambris d'appui
eine Zimmer ... werden), die sehr artig waren und
darinnen die ... von Mr. Lairesse waren vorgestellet.

Fensterläden, Türen und die in breite Felder ein-
geteilte Decke; auch die Fenstervorhänge und die
Möbelbezüge. Zu Bodenteppichen und Tischdecken
nahm man, insofern sie nicht passend bestellt waren,
gerne die schweren orientalischen Stücke, die sogen.
„Turksche kleeden", die wir auf so vielen Bildern
finden.

Natürlich blieb man in einfachen Verhältnissen
den älteren, billigen Gewohnheiten lange mehr oder
weniger treu, wie es ja die in der zweiten Hälfte des
17. Jahrhunderts gemal-
ten Stuben der Vermeer,
de Hooch und Metsu
beweisen. Die weiße
Wand, die einfache, un-
gestrichene, höchstens
farbiggefaßte Holzver-
kleidung der Türen und
Fenster erhielt sich sogar
in großen Verhältnissen
bis ins 18. Jahrhundert
hinein, da wo es dem
Zweck der Innenräume
irgend wie angemessen
war. So ist z. B. gerade
die sogen. „Konstkamer"
des naturgetreuen Ut-
rechter Puppenhauses,
das Zimmer, wo die Bil-
der hängen und die Rari-
täten aufgestellt sind,
einfach weiß, während
der Salon mit gemalten
Tapeten, andere Räume mit Seide ausgeschlagen sind.
Wo das Holz nun farbig behandelt wird, bevor-
zugte man zunächst ein eigenartiges feststehendes
Blau, das mit Gold gefaßt wird. Später dann ein
Bläulichgrün, endlich, in der Mitte des 18. Jahrhunderts, meistens die hellen Farben von leicht ins
grüne, braune oder rosa gebrochenem Weiß.

Kunsthandlung Goudstikker, Amsterdam

8. Salzgefäß mit Abrahams Opfer von Adam van Vianen.
Signiert A. D. Vianen. Fe. Aº 1621

—— —— und weiter —— —: „und kann man bey ihnen solche
Dinge nach Massen bestellen und kam ein solch Stych von
ungefähr 4½ hoch und 1190 breit 60 Rdhle (Ryksdaelders)
zu stehen." Auch der Abschnitt über gemalte Tapeten und
deren notwendige Scheinarchitektur in Lairesses Malerbuch
(1707 erste Auflage) ist interessant.

Zur Deckenmalerei in diesem Stile gibt Lairesse ganz ge-
naue Vorschriften und prahlt dabei mit einem von ihm er-
fundenen Hilfswerkzeug für Deckenperspektive. Von seinen
eigenen, manchmal flotten dekorativen Werken hat sich in
Holland viel erhalten. Gutes Beispiel im Niederl. Museum
zu Amsterdam. Sie wurden noch 1716, also nach seinem Tode
ziemlich hoch eingeschätzt, vgl. z. B. Oud-Holland 1892 S. 192
„die Groote vierkante vakken (also wohl Wandbilder) mit Sinne-
beelden (von Lairesse) f. 4800.

Von großer Bedeutung für das Zimmer ist natürlich die Gestalt der Fensterwand, die, in den
Laibungen farbig —— vermöge der erst in der zweiten
Hälfte des 17. Jahrhunderts aufgekommenen Innen-
läden ——, im Licht durch die verhältnismäßig großen
Scheiben in Holzfassung eine gänzlich neue Wirkung bekam.

Derselbe schwedische Architekt, N. Tessin, der
bei seinem Besuch in Holland, 1687, sämtliche
Schlösser und Landhäuser, die damals noch kein
halbes Jahrhundert alt
waren, jetzt leider nur
mehr zum Teil erhalten
sind, beschrieb und uns
ein so anschauliches Bild
gibt, weil er mit den
Augen des Technikers
sieht, spricht auch von
den Fenstern, als von
etwas ganz merkwür-
digem, da es Schiebe-,
nicht Drehfenster sind:
—— „Das oberste Fenster
von 5 großen Rauten
hoch und breit stund all-
zeit still, das unterste,
welches ebenso groß ist,
geht allzeit auf und nie-
der mit Stricken, daran
Gewichte hängen" usw.
Er analysiert dann die
Schiebevorrichtung ge-
nau und sagt endlich noch
—— —— „die grosse fransche gläser sitzen alle
im holtzernen eychenen chassis und werden
sie ohne bley mit einer gewissen Materie (er meint
wohl den Glaserkitt) gefestigt"[1]). Wichtiger noch ist
seine Notiz über die Fenster in der Studierkam-
mer desselben Schlosses, Honselaersdyk, mit ihren
„zimblichen großen Spiegelgläsern"[2]). Vielleicht sind
seine Aufschreibungen überhaupt für unsere Zwecke
die reichste Quelle, denn es entgeht ihm nichts,
die Alkoven mit Wänden, welche „dem Bedt gleich
aus grün Damast mit Gold cordonniert[3]) waren",
die chinesischen Kabinette mit Spiegeln, die Supraporte im Hause Zorgvliet mit den „Basreliefs von
der Colonna Trajana"[4]) und noch so vielerlei, was
uns nützlich sein kann, wenngleich wir uns in
diesem kurzen Überblick nur einige wenige Griffe
aus der Fülle des Materials gestatten können.

[1]) Tessin a. a. O. S. 124. —— [3]) ebendort S. 146. —— [2]) ebendort S. 146. — [4]) ebendort S. 149.

ihm verdanken wir endlich Mitteilungen über
das damals so virtuos ausgeübte Marbrieren[1]),
im Grunde ein ähnliches Talmiverfahren wie die
gemalten Tapeten, die ursprünglich sicher einmal
Gobelins ersetzen sollten[2]). Ein drittes Verfahren
verwandter Art ist die meisterhaft, à trompe-l'œil,
gemalte Grisaille, die das geschätzte weiße Stucco
vortäuschen sollte. Ein wahrer Zauberer mit diesem
leichten aber nicht ungefälligen
Ateliertrick ist der bekannte Jacob
de Wit, dessen Name ja sogar auf
derlei Grisaillen — „Witjes" —
übertragen wurde.

Es gab nun aber außer diesen
Kunstfertigkeiten doch auch eine
wirkliche Kunst. Man hatte z. B. in
Frankreich und Italien gelernt, wo
es immer anging, die Treppen
monumental zu behandeln. Im An-
schluß an das Treppenhaus entwickelte sich die weiträumige, bei
größerer Prachtentfaltung mehr-
geschossige Halle mit Pilastern und
Spiegelgewölben aus Holz, später
mit weiß gehaltenen Stuccoguir-
landen und Putten im Stile des
Franzosen Marot. Das Treppengeländer erhielt seine Eigenform,
der Stufenschnitt wurde kultiviert,
wenn man sich auch bei holländischen Treppen nie förmlich hinauf-

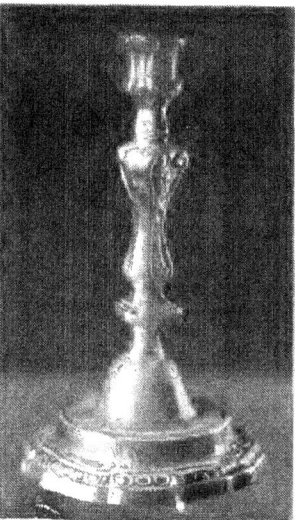

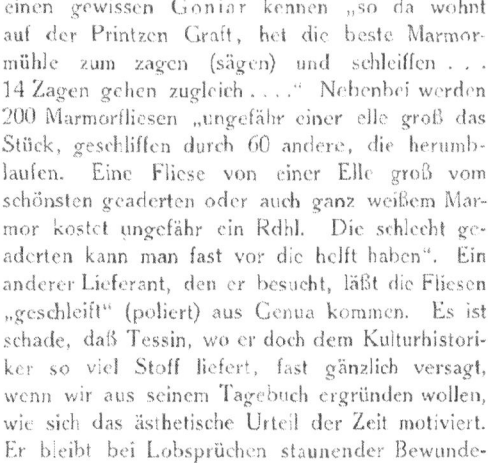

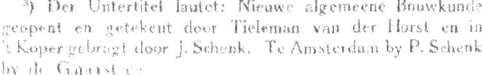

Freifrau Loudon, Haag
9. Silberner Leuchter

getragen fühlt, wie auf guten italienischen Ehren-
treppen. Die Grundanlage des Hauses hat eben
auf mannigfache Terrainschwierigkeiten Rücksicht zu
nehmen, wobei in den Städten namentlich der Lauf
der Kanäle, die eine völlig freie Entfaltung der
Stiegenhäuser nur selten gestatten, eine große
Rolle spielt. Eine wahre Wissenschaft der Treppen-
anlagen mit allem Zubehör entwickelte sich, welche
schließlich noch einmal in dem weit verbreiteten
Treppenbuche des Tieleman van der Horst im
Jahre 1759 „Theatrum machinarum universale"[3]) zu-
sammengefaßt wurde.

In diesem Buche finden sich fast sämtliche ge-
wöhnliche Typen aus dem zweiten Drittel des
18. Jahrhunderts, aber auch der ältere einfache
Typus mit den schweren Balustern ist nicht vergessen. Für die seltenere Art der prunkvollen
Rankengeländer mit tummelndem Getier wüßte ich
zwar kein direktes Vorbild zu nennen, aber auch
hier handelt es sich wohl nur um die plastische
Ausführung ähnlicher Ornamente,
wie sie in Frankreich Bérain, meistens als Vorlage für Metallätzung,
herausgab. In Holland wurde daraus
schwere, nicht allzuviel durch-
brochene, in rauschende Bewegung
gesetzte Masse, deren pomphaft
satte Wirkung erhöht wurde durch
den Glanz des verschwenderisch
verwendeten Boden-Marmors, den
man seltener in farbiger Abstu-
fung, meist bloß in ausgesuchten
weißen Platten in den Vestibülen
anzubringen wußte, zum Teil jedoch
auch immer noch, in wechselnden
großen Rauten-Mustern — rot und
weiß, oder blau und weiß — in den
Hallen und Zimmern. Im Hause
Zorgvliet sieht Tessin[1]) einen
„marbrierten" Saal mit „einer flor
(Boden) von weißem Marmor mit
braunen vlamschen Steinen mel-
liert". Im Haag lernt er auch
einen gewissen Goniar kennen „so da wohnt
auf der Printzen Graft, het die beste Marmor-
mühle zum zagen (sägen) und schleiffen . . .
14 Zagen gehen zugleich . . . ." Nebenbei werden
200 Marmorfliesen „ungefähr einer elle groß das
Stück, geschliffen durch 60 andere, die herumb-
laufen. Eine Fliese von einer Elle groß vom
schönsten geaderten oder auch ganz weißem Marmor kostet ungefähr ein Rdhl. Die schlecht geaderten kann man fast vor die helft haben". Ein
anderer Lieferant, den er besucht, läßt die Fliesen
„geschleift" (poliert) aus Genua kommen. Es ist
schade, daß Tessin, wo er doch dem Kulturhistori-
ker so viel Stoff liefert, fast gänzlich versagt,
wenn wir aus seinem Tagebuch ergründen wollen,
wie sich das ästhetische Urteil der Zeit motiviert.
Er bleibt bei Lobsprüchen staunender Bewunde-

[1]) Tessin a. a. O. S. 151. „Nimegen (dessen dekorative
Gemälden und dgl. sich erhalten haben) ist ein anderer
Ort . . . . sowohl mit Marbrieren weiß umzugehen, daß ich
. . . . Tage nicht besser gesehen habe." Er behauptet, die echten
und . . . . „fingierten" Säulen nicht unterscheiden zu können.
. . . . von Laresse aber will sich gegen solche Schmach
. . . . sagt ausdrücklich, „ein gemalter Teppich sei niemals . . . . . als ein Gemälde voller unnötiger Mängel"
und . . . . gemäßigten naturalistischen Stil, der aber
den . . . . Saal . . . .
kann . . . .

[3]) Der Untertitel lautet: Nieuwe algemeene Bouwkunde
geopent en getekent door Tieleman van der Horst en in
't Koper gebragt door J. Schenk. Te Amsterdam by P. Schenk
by dh. Gigo.st . .
[1]) Tessin a. a. O. S. 127

rung vor technischem Geschick und zögernd aus-
gesprochenem Tadel. Ein Lazare du Veau, der
Dokumente für die Geschichte des Geschmacks
lieferte, ist der Schwede nicht gewesen, und auch
in Holland hat sich bis heute kein solches Zeugnis
der Zeit gefunden. Lob und Bewunderung in
pathetischen Strophen ist zwar den Bauten von
Kampens gezollt, und die verschiedenen Einleitungen
der Bücher über Architektur
im Stile des obengenannten
Bosboom (vgl. S. XI) geben in
ihrem einseitig dozierenden
Ton wohl auch etwas, aber
nicht viel. Am meisten noch
enthält Lairesse's Buch. Im
übrigen sind wir darauf an-
gewiesen, unser Urteil wohl
oder übel an den Entwicklungs-
reihen der Formen und durch
Vergleiche mit ausländischen
Gegenbeispielen nachzuprüfen.
Die Entwicklung ist ziem-
lich klar, man braucht nur einmal eine einheitliche Reihe
wie jene der Kamine aufzu-
stellen, da sieht man dann,
wie hauptsächlich im letzten
Viertel des 17. Jahrhunderts,
ähnlich wie in der Malerei,
französische Vorbilder die
selbstgewonnene Form ver-
drängen. Aus dem geraden
Schacht mit seinen Säulen und
scharfen Kanten, dem strengen,
oder mit wogenden Schwel-
lungen modellierten Fries wird
der an den Ecken abgerundete

Freifrau Loudon, Haag

10. Silberne Lampe. Das Glas oben neu

mit verkröpften Pilastern dekorierte Kasten mit
seinen bogenüberhöhten Rechteckfüllungen, dem
eingebauten schwer umrahmten Spiegel oder dem
Bild. Die hohe Öffnung der Feuerstelle wird
heruntergedrückt, die Seiten schließen sich von nun
an immer. Ein breit gemeisselter, farbiger Marmor-
rahmen in flachem Bogen und mit geringem Vor-
sprung faßt das Feuer ein[1]. Es kommt stets, mit
vielen Varianten aber immerhin deutlich genug, zu
der Grundform, wie sie in dem oben (S. XI, Anm. [1])
erwähnten Buch des Herrn Bullet enthalten ist.

Schwer und massig, wie bei den Gebäuden ohne
starke Ausladung, mehr in die Breite als in die
Tiefe sich entwickelnd, bleiben diese Einbauten
trotz aller Flachschnitzerei der Füllungen, Festons
und Goldfassung, nicht ohne imposanten Ernst.
Nur boten sie etwas später, mit einer Unzahl von
kleinen Konsolen und Aufsätzen, meistens einer
farbig glitzernden Zutat ständigen Platz, nämlich
dem Porzellan und der nieder-
ländischen Fayence[1]).

In der Mitte des 18. Jahrhunderts kommt dann nach
französischem Vorbilde der
Typus auf, wie ihn G. Grendel[2]) in seinem Vorlagenstich
gibt. Der leichte Zierat der
französischen Louis XV.-De-
koration hat sich aber völlig
umgestaltet. Die schweren
großen Voluten, aus denen der
schmäler gewordene Schacht
emporwächst, zeigen wohl den
kantigen Profilschnitt, können
sich aber von der behäbigen
Bindung der Régence nicht
losmachen. Nach Asymmetrie
wird nur an kleinen Details ge-
strebt, man faßt sie mit Vor-
sicht an. Wie sich die hoch-
lehnigen Stühle bis zum Ende
des 18. Jahrhunderts erhielten,
wie sich die Lambris nur schwer
ihrer Wucht entledigten, so ist
in jeder Beziehung ein gewisser
Verzicht auf die Eigenheiten
des Rokokostils, dieser freie-
sten und leichtesten aller

[1]) Es hatte auch einen praktischen Grund, die Feuerstelle
enger einzufassen, wie man schon aus dem Titel des merkwürdigen Büchleins „Onderscheyden Schoorsteenen, die niet
rooken" errät.

Ähnlich lautet der Titel: „Sauvegarde pour ceux qui craig-
nent la fumée" von Bernard, das schon 1621 erschien.

Daß man gerade in den Niederlanden die großen Kamine
immer als architektonisch wichtigstes Glied der Räume schätzte,
beweist das Vorwort in einer späten Ausgabe der Werke des
Pieter Post.

[1]) Tessin a. a. O. S. 146 erwähnt wiederum im Hause
Honselaersdyk ein chinesisches Kabinett mit einem Schorn-
stein „der war voller kostbaren Porcelainen, dehren eine partey halb
hineinstunden und just gepasst wahren, dass sie sich selbst
soustenierten." — Auch die „Genesten" (Chenets) Feuerböcke
vergißt er nicht; sie waren in Honselaersdyk, im Jahre 1607,
mit Maß durchbrochen und mit amelierten Golde ziemlich reich
verziert auf schwarzem Grunde.

[2]) Cheminées hollandaises publiées par Martin Gottfried
Crossphius. Es handelt sich um eine Reihe zum Teil in losen
Blättern erhaltener Stiche des M. Engelbrecht, M. G. Cro-
phius und J. G. Merz, nach Entwürfen des Middelburger G. de
Grendel.

Formensprachen, nicht abzuleugnen. Wer nicht das Ganze übersieht, könnte wähnen, das Publikum habe die Künstler gewissermaßen veranlaßt, diese der Rasse nicht zusagende Mode einfach zu überschlagen. Das Beste ist hier französische Nachahmung.

Wofern nicht französische Handwerker hinzugezogen wurden, bleibt auch bei den Nachahmungen der zähe Fluß und das träge Tempo der Kurven ein deutliches Zeichen der Herkunft. Zu eigenwilligen Exzessen und zu krausem Gemisch wie in Süddeutschland kam es freilich dennoch nicht. Wie mit gelinden Zuckungen eines halbverborgenen Übergangsstils gleitet die Dekoration von einer gemilderten Régence in eine nüchterne, aber praktisch behagliche Umsetzung des Louis XVI hinüber. Dem letzteren fehlt jeder schöpferische Geist fast vollkommen.

Um leidige Wiederholungen zu vermeiden, könnten wir auf die Analyse der übrigen Möbelstücke verzichten. Von den Prunkbetten aus der Mitte des 17. Jahrhunderts war schon oben die Rede. Eine neue Phase bringt das posamentierte, mit Federn gezierte lit d'apparat nach Marot's Zeichnung, wie unsere Beispiele dieser seltenen Spezies zeigen und wie sie ganz ähnlich Tessin im Alkoven eines Zimmers von Honselaersdyk sah, „das dossier wie auch die Imperiale und die Decke auf dem Bett waren mit Gold brodiret und kleinen Frantzen cordonniret, das Futter war nur schlechter grüner Teffend unter den Vorhängen, so keinen sonderlichen Effekt hatten"[1]). Auch eine chinesische Lade kennt er, ähnlich unserer Abbildung 221 dekoriert. Im Gouverneur-Palais in Brüssel sieht er aber, offenbar zu seinem Entzücken, ein wertvolleres Exemplar der Sorte[2]).

Es gibt kaum ein Möbel, nach dessen kontinuierlichen Änderungen so leicht die Schwankungen der holländischen Geschmacksrichtung registriert werden können, wie der große Schrank mit seinen vielen Nebenformen vom Kabinett bis zum Tischschränkchen und der Kommode. Die lückenlose Reihe illustriert, mit provinziellen Begleiterscheinungen vermengt zunächst den Anfang des Strebens dem althergebrachten Möbel der Vredeman de Vries-Richtung neue Farb- und Lichtwerte zu verleihen. Man deckt es mit Ebenholzfurnieren, setzt Elfenbeinauflagen auf und bringt es doch nur zu unruhiger flimmernder Wirkung. Am interessantesten ist wohl das ungefähr in die vierziger Jahre fallende Suchen nach schwereren Formen mittelst Häufung, nicht aber selbständiger Vergrößerung der alten Motive an Friesen, Säulen, Vasen, Figuren und Löwenkonsolen. Es bleibt ein unzulängliches Tasten, die Lösung des Suchens nach homogener Masse und Farbe tritt erst ein mit der Annahme der mächtigen furnierten oder massiv polierten Flächen (Abb. 150 ff.) der Vergrößerung der Profile, dem Erweitern und Schwellen der Zutaten an Gebälk und Füßen und den lichtberieselten Flammenleisten. Dann kommt Ende des 17. Jahrhunderts die Schwingung der Simse, noch später die Ausbauchung der Schubladenwände, der undulierende Orgeltypus des unteren Teils, und zum Schluß dann das Leichterwerden der Formen und Füße, ganz wie an Stuhl und Tisch, die Verglasung der oberen Türen, um den Inhalt der Porzellane und Silberschätze zu zeigen, die man auch gerne in den vielfach eingebauten Büffets arrangierte. Die Marquetterie, eine wilde, unorganisch naturalistische Blumenmarquetterie, ist nur eine vorübergehende Mode —

Freiherr de Rovere van Breugel, Haag
11. Silberner Weinkühler

[1] Tessin a. a. O. S. 146.

[2] ... Heden. In Bettvorhängen und Himmeln wurde ... sehr früh genügender Luxus getrieben. Im Inventar ... des Hauses Batestayn (Reichsarchiv Haag) liest man ... Oud Holland XXVI ... mitteilt „Een ... ... (lit de camp) behangsel met

rotte onder en boten ghoort, langsoff met passementerie toe soiert met beheemel se en de bonnegrasis." Denselben Mitteilungen entnehmen wir aus dem Inventar des Gilles Pandelaart „En groen fluwele ledikant".

Weiter muß man aber auch die Bilder der Steen, Terburch u. a. zu Rate ziehen.

kurz nach den ähnlichen wenig gelungenen, aber für das Schwinden des feinen ornamentalen und zeichnerischen Sinnes charakteristischen Versuchen der Stein- und Perlmutterintarsiatoren. Auch für die strengere Rhythmik der Boulle-Arbeit fehlte der rechte Sinn.

Von den Tischen war schon oben die Rede, insoweit sie zu der reich skulptierten Gestalt jener Prunktische kamen, die besonders in der Zeit des schweren lappigen Ornaments in Holland eine ganz selbständige Art vertreten.

Im übrigen bleibt es bei der Weiterbildung des Tisches mit Balusterfüßen, bald mit reichen Schnitzereien, bald mit Marquetterie versehen. Im allgemeinen ist der Tisch vielgestaltiger und kleiner als ihn die Frühzeit gebildet hatte; er gehört zu denjenigen Möbeln, die sich in unsrem Zeitabschnitt stark spezialisieren und damit der Sonderbestimmung der einzelnen Räume im Hause folgen. Denn feststehende Einteilungen der zu besonderen Zwecken ausersehenen Zimmer kennt erst diese luxuriöse Zeit vollkommen. Der Salon, das Kunst- oder Studierzimmer, die verschiedenen Schlafzimmer, die Kinderstube, das Zimmer der Wöchnerin, die Wäsche- und Plättezimmer[1] usw., sie alle stellen gänzlich verschiedene Anforderungen, in erster Linie an den Tisch. War man früher mit dem großen Tisch und einigen kleinen ähnlich gestalteten Exemplaren ausgekommen, hatte man sich höchstens noch den Luxus eines polygonalen Klapp-

Privatbesitz

12. Tabakdose. Signiert: Amsterdam. de Lelie

tisches geleistet, so kommen jetzt die konsolartigen Prunkmöbel der Fensterwände mit festen oder losen Spiegeln, die Toilettentische mit ihrem Behang, der Teetisch mit seinem eingetieften Brett, dazu eine Reihe verschieden geformter Ständertische, Blumenträger und Gueridons.

Ebenso erweitert sich die Nuancierung der Sitzmöbel und zwar in den Formen genau in der gleichen Aufeinanderfolge, wie wir sie bei den Schränken feststellten. Überall waltet dasselbe Prinzip. Der alte spanische Stuhl bekommt in der Mitte des 17. Jahrhunderts die schräg gedrehten Beine und Sprossen, die ihm jene gewisse Beweglichkeit der Glanzlichter geben sollen, von der wir schon sprachen. Der Sessel wird endlich durch die Neigung der großen Lehne bequem, die Polster schwellen etwas, die reichgeschnitzten Rücken nehmen anspruchsvollere Gestalt an, und auch der einfache Stuhl macht jene merkwürdige Entwicklung der Stuhlbeine mit, die unsere Abbildungen anschaulicher als Worte es könnten vergegenwärtigen.

Auch das Sitzmöbel ist, wenn es sein muß, nur ein architektonischer Akzent, wie das in dieser Periode passend erscheint. Soll eine Serie von Stühlen etwa in eine riesige Halle an die Wand gestellt werden, so bildet man sie unbedenklich nach der Proportion des Raumes unbrauchbar hoch[1]. Zunächst ist es die imposante Größe, mit der die farbigen Damast- und Plüschbezüge durch Riesenmuster gleichen Schritt halten müssen; später kommt dann ebenfalls nach Frankreichs Vorgang die Bequemlichkeit und die behagliche Nutzbarkeit der Möbel. Vergleicht man nun aber einmal die Volutenfüße mit nach dem gleichen Prinzip gebildeten französischen, deutschen oder belgischen Exemplaren, so sind die Unterschiede immerhin groß genug, es ist immer mehr aufgeschlossene, licht-

[1] Tessin a. a. O. S. 140 erwähnt in Zorgvliet auch ein Badezimmer, das dort ebenso wie in Honselaersdyk sogar mit Opulenz eingerichtet war. „Das Haus ist nur klein, die Badstube darin ist wie zu Hundslardick (wo er sie aber nicht beschreibt), in der Ecke vertieft mit kleinen vierkantigen weißen Steinen" usw. Und dann noch „Am Ende hiervon seindt zwei Robinets, aus dem einen kommpt das kalte Wasser hinein, aus dem anderen das warme, so durch eine bleierne Röhre wirdt in einer verborgenen Pfanne geführt, worunter ein kleiner Ofen verborgen steht." Ein anderer Reisender, Ferner, nennt 1759 auf einem Landsitz bei Loener auch einen Billardsaal. Rydragen en Mededeelingen van het hist. Genootschap. B. Ferners Dagboek van zyn reis door Nederland Alz. 459.

[1] Den Begriff, daß Stühle nicht immer und nicht nur dazu dienen, um darauf zu sitzen, hat man schon 1638 ausgesprochen, wo es heißt: „Verscheyden Stoelen, soo om op te sitten als te pronck te stellen." Freundliche Mitteilung von Dr. A. Bredius ohne Angabe der Quelle.

reflektierende Masse, auf rundliche Konturen angelegt, niemals kommt es zu freien Spiralen oder kantig gegliederten Stäben. So bleibt es auch, wenn die Volute und Balusterbeine den schlankeren Formen des 18. Jahrhunderts weichen müssen. Das Volumen bleibt größer, der Schwung hat eine gewisse Schlappigkeit. Außerdem läßt man auch hier nicht gerne von der alten Regenceform ab. Immer sind noch die hohen, sogar die oben unpraktisch hoch vorn eingebogenen Lehnen beliebt.

———

Die vielen kleinen Gegenstände des holländischen Hausrats, die Uhren, Kronleuchter, Ofenschirme, Barometer und Rahmen einzeln durchzunehmen wäre zwecklos. Die Abbildungen sprechen nach dem Vorhergesagten für sich. Nur einer bestimmten Einzelgattung, des indischen Mobiliars, müssen wir hier noch einige Worte widmen.

Die Aufmerksamkeit der holländischen Forscher ist erst sehr spät auf die Möbel gelenkt worden. In den Sammlungen des Auslandes, namentlich Englands, sah man sie längst als indo-portugiesische Arbeiten an. Es war hauptsächlich der inhaltreiche gründliche Aufsatz von W. J. Oosterhoff[1], der das Interesse anschürte und den Sammeleifer zu entfachen vermochte.

Seitdem sind diese exotischen Stücke, die auch in manchem Hausrat des Heimatstaats ein wunderlich vereinzeltes und doch irgendwie verwandtes Wesen führten, richtig erkannt worden, und ebenfalls auf Oosterhoffs Anregung hin hat man in den sogenannten „Kompagnie-kamer" des Museums vom „Bataviaasch Genootschap van Kunsten en Wetenschappen" in ganz kurzer Zeit eine wohlgeordnete Sammlung eingerichtet, wo die verschiedenen Sorten in guten Exemplaren vertreten zu sein scheinen. Man kann nämlich diese ganze Produktion, die der Hauptmasse nach in Holländisch-Indien zustande kam, in einige wenige Gattungen scheiden, wobei natürlich die Möglichkeit, daß die ältesten Stücke unter portugiesischer Herrschaft (auf Java bis 1605, auf der Insel Ceylon bis 1650) angefertigt sein konnten, nicht bestritten werden soll.

Die früheren geradwinklig gebauten Stücke mit ihren Linien- oder Lotosmotiven[2], den zierlich gedrehten Stuhlfüßen und Stäben sind meistens aus den allerhärtesten, den Insekten wie jeder Unbill der Zeit widerstehenden Eben- und Eichenholzarten gemacht. Die spätere Art mit ihrem Zu-

nehmen der europäisierten Formen bekundet wohl noch dauernd das Geschick und die Geduld bei der schwierigen schon von Valentyn bewunderten Hartholzarbeit, sie hat aber doch die alte Präzision eingebüßt. Aus hellen Harthölzern, dem bekannten sog. Fleisch- und Djattiholz, sind die meisten der späteren Stücke hergestellt. Zum Teil, wo diese Materialien an und für sich weniger edel waren, trat dann auch Bemalung in einer traditionellen Skala von Rot, Gold und Grün hinzu. Man hat dieses eigentümliche Kolonialmöbel nach langer Vergessenheit wieder zu Ehren gebracht und damit gewiß einer historischen Pflicht Genüge getan.

Man hat sie aber dann in ihrer künstlerischen Qualität doch wohl insofern überschätzt, als man die Unfähigkeit der indischen Schreiner zur selbständigen Weiterbildung der angestammten Form übersah. Die künstlerische Fähigkeit, nicht die technische, ist von Anfang an im Verkehr mit dem überlegenen Europäer erloschen. Auch daß von ihnen, wie Litchfield angedeutet hat, die Anregung zu den gewundenen Füßen und Sprossen der holländischen Möbel in der Mitte des 17. Jahrhunderts herzuleiten wäre, halte ich nicht für glaubhaft. Die frühen Exemplare der Spezies, z. B. der Stuhl Karls des II.[1] im Museum zu Oxford machen einen so vollkommen europäischen Eindruck, daß man hier vorläufig doch wohl sicherer den alten Weg annimmt. Technische Meisterleistungen sind sie unbestritten, und ein nicht geringer Teil ihrer kostbaren soliden Wirkung beruht auf der wundervoll tiefen Farbe und dem matten Glanz der verarbeiteten Hölzer, die in solchen Massen heute wohl überhaupt nicht mehr aufzubringen wären. Die zart durchbrochenen Stühle, die schon (Abb. 366) ihrer Gesamtform nach erst aus dem 18. Jahrhundert stammen können, zeigen ebenfalls stärksten europäischen Einfluß und weichen von der gewöhnlichen Art des ostindischen Mobiliars nicht unerheblich ab, das, wie wir sahen, im Grunde doch nur eine Spielart des holländischen ist.

Diesem Rahmen hat sich das freie Mobiliar angepaßt.

Wer imstande ist, die ästhetische Entwicklung zu überblicken, wird sich an der köstlichen Symbiose freuen, das stammverwandte Prinzip erkennen und sich immer wieder erquicken an jener überlegen-weisen Mäßigung, die, in der Kunst, nur zu oft nottut.

Utrecht   Dr. W. Vogelsang.

[1] Elseviers Maandschrift Jahrgang 1898, S. 318 ff. mit vielen Abbildungen.
[2] Vgl. für die feineren Unterschiede den Aufsatz von M. Serrurier ten Cate in Bulletin van den Oudheidte Bond Jahrgang VII S. 79 u. f.

[1] Vgl. den oben genannten Aufsatz Oosterhoffs, wo er abgebildet ist.

14. Pieter de Hooch, Holländischer Innenraum. Um 1650

15. P. Janssens, Wohnraum. Um 1650

16. Pieter de Hooch. Der Leinwandschrank. Um 1650

17. Pieter de Hooch, Vornehmer holländischer Wohnraum. Um 1660

18. Gerard Terborg (Schule), Familienbild aus der Zeit von 1660

Nicu Muller, Oude Huizen te Utrecht

19. Regentensaal des Bartholomäus-Gasthauses in Utrecht. 1643

Versteigert von A. Mak, Amsterdam Nov. 1921

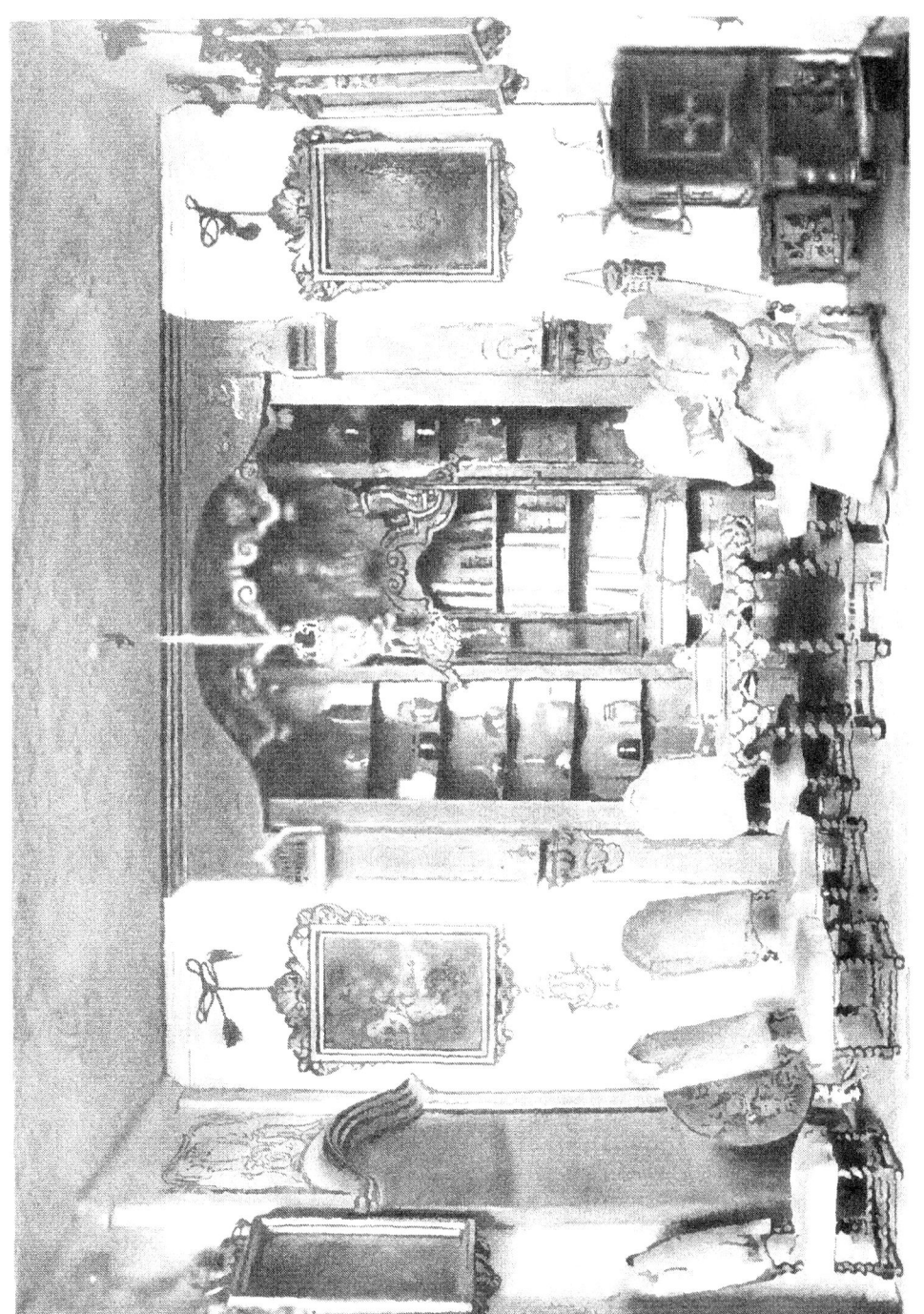

Aus Maller & Vogelsang, Holländische Patrizierhäuser

21. Studierzimmer aus einem Puppenhaus. Anfang des 18. Jahrhunderts

Zentral-Museum, Utrecht. Aus Muller & Vogelsang, Holländische Patrizierhäuser

Zentral-Museum, Utrecht. Aus Muller & Vogelsang, Holländische Patrizierhäuser

22.23. Schlafzimmer und Empfangszimmer aus dem Utrechter Puppenhaus. 1674—1690

Nach Sluyterman, Oude Binnenhuizen in Nederland

24. Zimmer im Haus Vyverberg 3, Haag. Anfang des 18. Jahrhunderts

Graf van Aldenburg-Bentinck, Schloß Amerongen   Nach Sluyterman, Oude Binnenhuizen in Neder and

25. Speisezimmer im Schloß Amerongen. Anfang des 18. Jahrhunderts

Freiherr van den Bosch, Baarn, Haus „De Hooge Vuursche"

26. Speisesaal mit Vertäfelung aus einem Dordrechter Haus um 1750.   Gemälde von Jan Fyt

27. Saal im Rathaus in Leeuwarden. 1760—1761. Baumeister P. de Swart.
Die Fenster im 19. Jahrhundert umgebaut

Nach Staatsresman, Oude Binnenhuizen in Nederland

28. Ratszimmer im Rathaus in Dokkum. 1763

Haag, Gemäldegalerie K L 146

Phot. Bruckmann

30. Cornelis Troost. Aus der „Nelri"-Serie No. 1 „Nemo loquebatur." 1740

31. Cornelis Troost, Szene aus Molières „Eingebildetem Kranken". Zeichnung zu dem Ölbild in Berlin

13

Städtisches Museum. Amsterdam

32. Küchenraum aus einem Amsterdamer Haus. (Zusammengestellt.) 18. Jahrhundert

Museum de Lakenhal, Leiden

Museum de Lakenhal, Leiden

33 34. Wohnzimmer und Küchenraum (zusammengestellt). 17 18 Jahrhundert

35. Treppenhaushalle im Schloß Amerongen. Die Bemalung der Decke neu.
Anfang des 18. Jahrhunderts

Deutsche Gesandtschaft, Haag, Lange Vyverberg 8

36. Treppenhaushalle mit Stuckdekoration. 1700—1720. Baumeister Felix Dusart

37. Treppenhaushalle mit Stuckdekoration. 1710—1720. Baumeister Felix Dusart

38. Stuckdekoration eines schmalen Treppenhauses. Zweite Hälfte des 18. Jahrhunderts

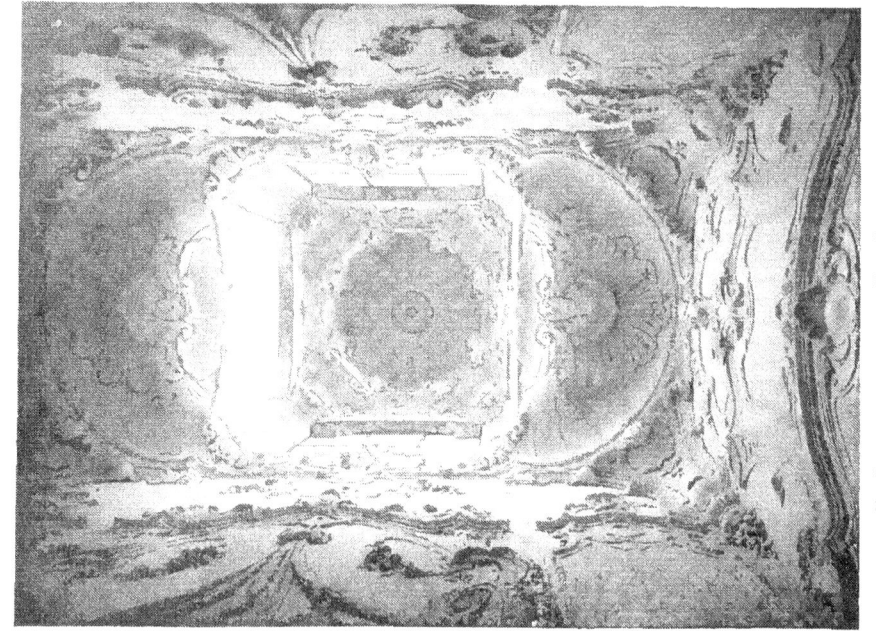

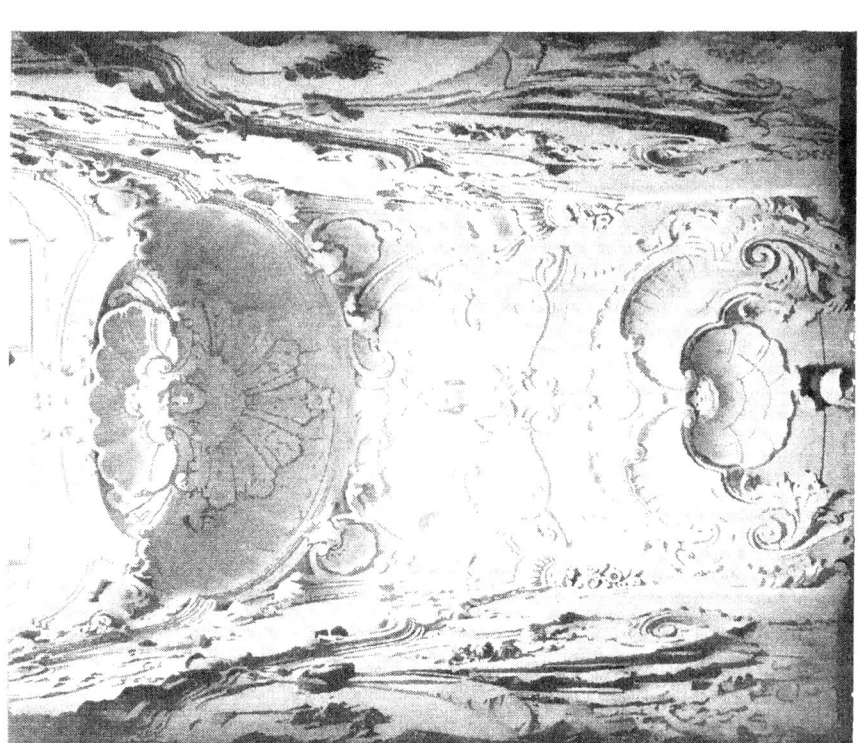

39 *10.* Stuckdekoration der Wände und Laterne des vorigen Treppenhauses. Zweite Hälfte des 18. Jahrhunderts

41. Geschnitztes eichenes Geländer einer kleinen Treppe. Ende des 17. Jahrhunderts

Gebäude gärm. Marchaus, Harg

43. Geschnitztes eichenes Treppengeländer. Um 1710

Abgeordnetenhaus (Ernst Kaser), Harg

42. Geschnitztes eichenes Treppengeländer. Mitte des 17. Jahrhunderts.

45. Treppe in einem Haus Achter St. Pieter zu Utrecht. Um 1700

44. Treppe in einem Haus am St. Janskerkhof zu Utrecht. Um 1600

46.—50. Geschnitztes Treppengeländer aus Eichenholz. 1711

Haus der Ostindischen Compagnie, Rotterdamsche Kade O. 242, Middelburg

51.—56. Geschnitztes Treppengeländer aus Eichenholz. 1711

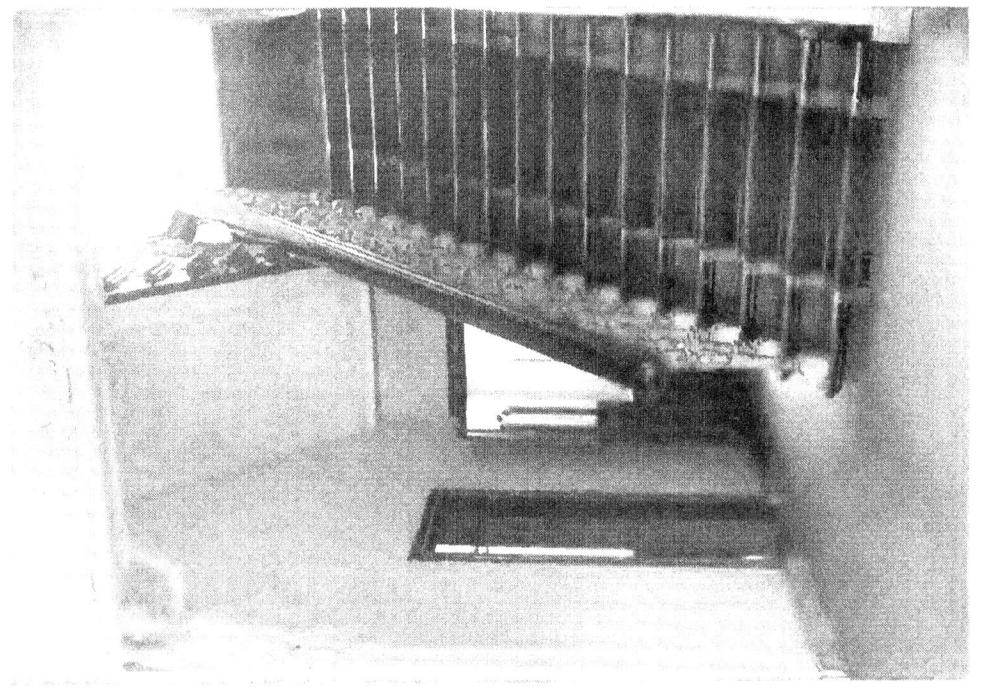

58. Treppenhaus im Rathaus zu Sneek (Friesland). Um 1760

57. Treppe im Rathaus zu Leeuwarden. 1715

Freifrau Loudon, Haag

59. Geschnitztes Geländer einer Treppe aus Eichenholz. Um 1750

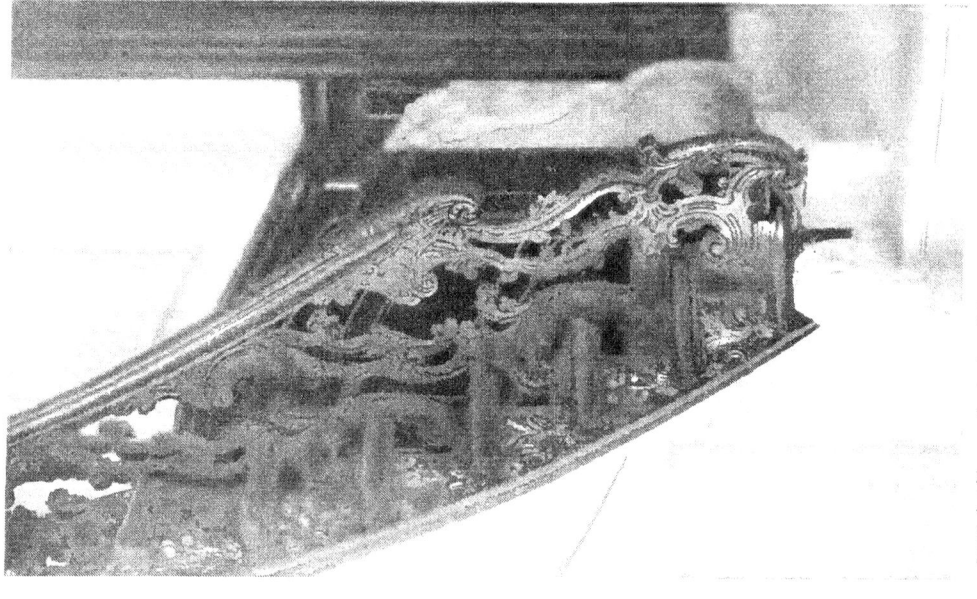

61. Geschnitztes eichenes Treppengeländer. 1748.
Vergl. Abb. 62.

60. Treppe aus Eichenholz mit geschnitztem Geländer. Um 1710. —

Städtisches Museum, Amsterdam. Früher Bürgerkrankenhaus, Keizersgracht

62. Diele, Tür und Treppe eines Amsterdamer Hauses. 1748

64 Geschnitztes eichenes Treppengeländer. Um 1780

63 Geschnitztes eichenes Treppengeländer. Zweite Hälfte des 18. Jahrhunderts. — 64 Geschnitztes eichenes Treppengeländer. Um 1780

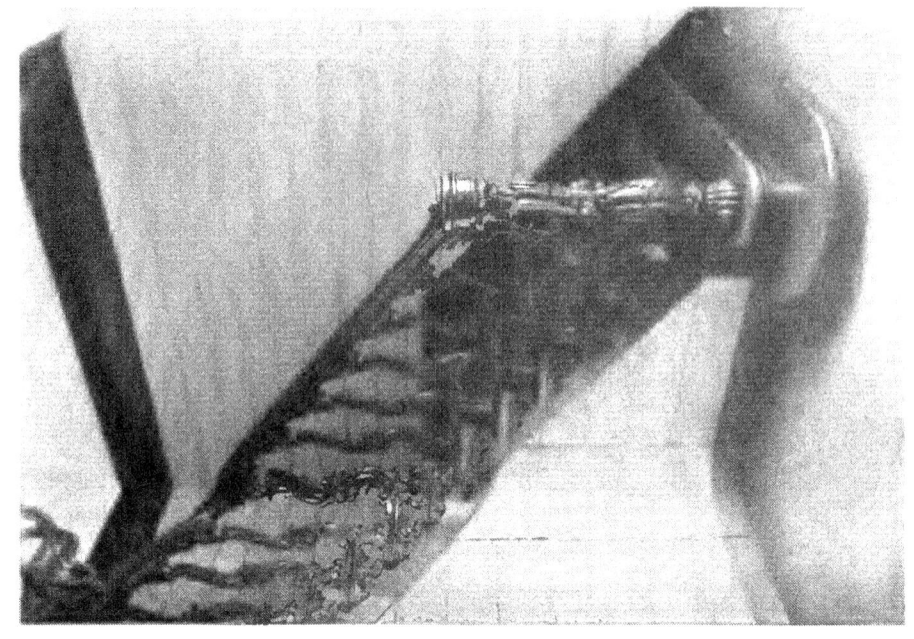

Haus »De Dorck« zu Rotterdam

66. Treppengeländer aus Eichenholz. Um 1710

Museum Willet-Holthuysen, Amsterdam, Herengracht 605

65. Treppengeländer aus Eisen mit Eichenstufen. Um 1730

67 68. Haustür mit Oberlicht und geschnitzte Tür mit Anstrich aus dem Hause „De Globe". Um 1670

Phot. Bureau für Denkmalpflege

69. Geschnitzter Treppenaufgang zu Hoorn (Muntstraat), Nordholland. Um 1670.

Haus „De Globe", Rotterdamsche Kade O. 214, Middelburg

77. Geschnitzte Tür. Um 1661

Abgeordnetenhaus (Eerste Kamer), Haag

70. Tür aus Eichenholz mit geschnitztem Tympanon, darin die Jahreszahl 1655.

72. Geschnitzte Holzverkleidung einer Doppeltür von einem Haus in Leiden. Um 1660.

Kantongerecht, Middelburg

73. Tür mit Oberlicht in einem Vestibül. Um 1680.

74. Vorhallentür in einem Haus der Boothstraat zu Utrecht. 1660
75. Vorhalle eines Hauses am St. Janskerkhof zu Utrecht. 1723

Nach Muller, Oude Huizen te Utrecht

Frau van den Broeck d'Aubrenan, Huig

76. Tür aus Eichenholz mit Verdopplungen aus Palisander. Teilweise erneuert weil erhöht. Um 1660
77. Tür zur Kapitelkammer von St. Peter zu Utrecht. 1650

43

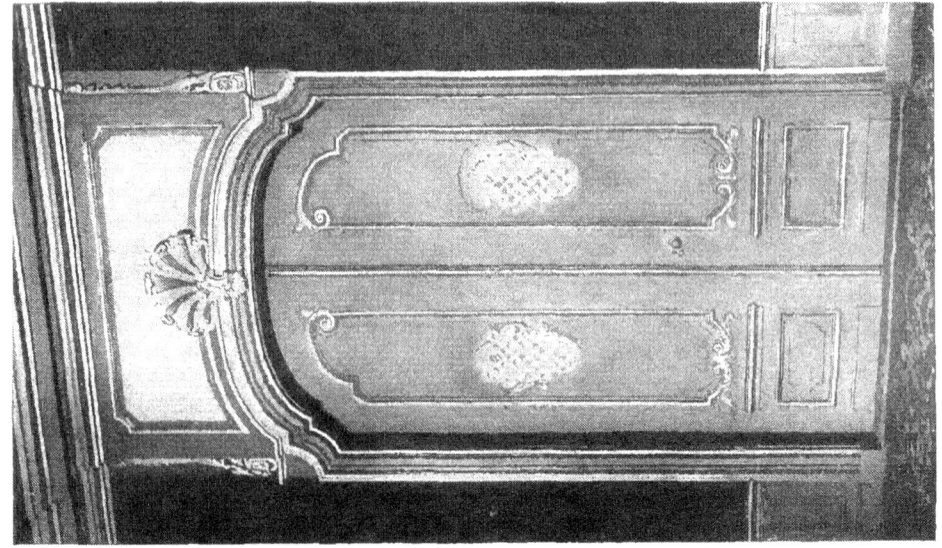

Haus Prinsegracht 73, Haag

Baron de Smeth van Alphen, Haag, Prinsegracht 29

78. Innere Haustür mit doppelseitig geschnitztem und verglastem Oberlicht. Die eingebaute Laterne aus vergoldetem Blei. Um 1710.
79. Doppeltür aus geschnitztem Eichenholz, Anstrich dunkelgrün mit Gold. Um 1720

Deutsche Gesandtschaft, Haag, Lange Vyverberg 8

80. Doppeltür mit Supraporte, weiß-golden angestrichen. Das Bild von Jacob
de Witt. Um 1710—1720

45

Deutsche Gesandtschaft, Haag, Lange Vyverbug 8

Freiherr Grootinx van Zoelen, Haus „De Donck" bei Rotterdam

81. Tür mit Supraporte, das Bild von Philipp van Dyck. Um 1710 (vollendet 1721)
82. Doppeltür mit Supraporte in Stuckrelief. Um 1745

Haus „De Donsk" bei Rotterdam

83. Doppeltür mit Supraporte in Grisaillemalerei und Wandverkleidung, weiß und gold. Um 1745

Haus „De Dorck" bei Rotterdam

84. Stuckdecke und Oberteil einer Wand aus demselben Raum. S. Abb. 83

85. Türumrahmung aus geschnitztem Eichenholz mit grünem Anstrich. Das goldumrahmte Türstück in Grisaillemalerei. Um 1750
86. Tür mit vergoldeter Schnitzarbeit aus einem Haus in Haarlem. Um 1750

87. Geschnitzte Doppeltür aus indischem Holz. Um 1750

88 Vorraum mit zwei Türen aus Eichenholz und Stuckrelief. Um 1780

Städtisches Museum, Haag

Städtisches Museum, Haag

89. Geschnitztes Oberlichtgitter aus Nußholz. Um 1720. — *90.* Geschnitztes Oberlichtgitter aus Nußholz mit Doppelinitialen A. C. R. Um 1720

91. Kamin. Der Unterteil aus verschiedenfarbigem Marmor, Schachtverkleidung aus Holz. Ende des 17. Jahrhunderts.
92. Kamin in Grün und Gold. Um 1670. Das Brett mit dem Puttenfries ist ein späterer Einsatz (Louis XVI)

93. Kamin mit Säulen aus grauem Marmor. Die Wandpilaster haben nur Marmorbasen und -kapitelle, die Schäfte sind wie Architrav und Fries marmorartig gestrichen. Ende des 17. Jahrhunderts. — 94. Gerader Kaminmantel aus weißen Säulen und Pilastern. Im

Nach Muller, Oude Huizen te Utrecht

95. Kaminverkleidung in einem Haus am St. Janskerkhof zu Utrecht. 1661

Städtisches Museum, Amsterdam

Niederländisches Museum, Amsterdam. Kat. 25

96. Kamin aus Eichenholz mit Säulen und Pilastern aus grauem Marmor. Der Boden aus orangefarbigen glasierten Kacheln. Aus dem Gebäude der Westindischen Compagnie, deren Initialen in der Kartusche zu erkennen sind. Ende des 17. Jahrhunderts. — 97. Kamin mit Säulen aus buntem Marmor. Der Fries wie schwarzer Marmor gemalt. Um 1670. Schacht früher senkrecht

Universität, Utrecht

98. Kamin aus dem früheren Senatssaal der Utrechter Universität. Schacht
teilweise erneuert, Unterteil nicht zugehörig. Ende des 17. Jahrhunderts

Freifrau Loudon, Haag, Haus Koninginneyracht 8

99. Kamin aus geschnitztem Eichenholz mit Grisaillebild und Spiegel.
Der Ofen mit den Kacheln neu. Um 1700

100. Kamin aus geschnitztem Eichenholz. Um 1700

Deutsche Gesandtschaft, Haag, Lange Vyverberg 8

101. Kamin mit Unterteil aus buntem Marmor und Schacht
aus geschnitztem Eichenholz mit Anstrich. Das Bild von
Matheus Verwesten. Um 1710 1720

102 103. Kamine mit Unterteil aus buntem Marmor und Schacht aus Eichenholz mit Anstrich.
Um 1710—1720

Baron de Smeth van Alphen, Haag, Haus Prinsessegracht 29

104. Kamin mit Unterteil aus weiß-grauem Marmor und Schacht aus geschnitztem Eichenholz mit Anstrich. Das Bild von A. Schouman.
Um 1710—1720

105. Kamin mit Unterteil aus buntem Marmor und Schacht aus geschnitztem
Eichenholz, grün lackiert mit gold. Um 1710—1720

Haus Prinsegracht 73, Haag

106. Kaminverkleidung. Unterteil aus buntem Marmor, Schacht aus
geschnitztem Eichenholz mit Spiegeln und Bild. Um 1720

Freifrau Speelman, Wassenaar, Haus de Wittenburg

107 Kaminverkleidung. Unterteil aus grauem Marmor, Schacht aus geschniztem Eichenholz mit Konsolen für Porzellan. Um 1740

108. Kaminverkleidung. Unterteil aus hellgrauem Marmor, Schacht aus
geschnitztem indischem Holz. Um 1750

Baronin van der Goes van Dirxland, Haag, Haus Sophialaan 9 Baron de Smeth van Alphen, Haag, Haus Prinsessegracht 29 Städtsches Museum, Amsterdam

109. Kaminverkleidung. Unterteil aus grauem Marmor, Schacht aus geschnitztem Eichenholz mit Anstrich. Um 1760. — 110. Kaminverkleidung. Unterteil aus hellgrauem Marmor, Schacht aus geschnitztem Eichenholz mit Anstrich. Um 1770. — 111. Kaminverkleidung. Unterteil aus hellgrauem Marmor, Schacht mit Spiegel und Bild aus geschnitztem Eichenholz. Um 1760

Baron de Smeth van Alphen, Haag, Haus Prinsessegracht 29

112. Kaminverkleidung. Unterteil aus grauem Marmor, Schacht aus
geschnitztem Eichenholz. Um 1750

Haus Middelwyk, Zwolle

113. Kaminverkleidung. Unterteil aus buntem Marmor, Schacht mit Spiegel dekoriert. Um 1770. —
114. Kaminverkleidung. Unterteil aus buntem Marmor, Schacht aus Stuck mit Familienwappen. Um 1770

Amsterdam, Keizersgracht 224   Nach Sluyterman, Oude Binnenhuizen in Nederland

115. Kaminverkleidung. Unterteil und Schacht aus weißem Marmor. Um 1750

116. Kaminverkleidung. Unterteil aus buntem Marmor, Schacht aus geschnitztem Eichenholz mit zwei zugehörigen vergoldeten Holzleuchtern. Um 1780. —— *117.* Kaminverkleidung. Unterteil aus grauem Marmor, Schacht mit Spiegel und vergoldetem Rahmen. Die Ornamentmalerei wohl kaum zugehörig. Um 1760

Niederländisches Museum, Amsterdam. Kat. 37

Freifrau Snouck Hurgronje, Haag, Haus Prinsessegracht 28

118. Hängender Kaminschacht aus Eichenholz mit weißem Anstrich und grün-
goldener Fassung. Mitte des 18. Jahrhunderts. — *119.* Unterteil einer Kaminverkleidung aus buntem Marmor. Um 1710—1720.

Zentral-Museum, Utrecht

Freifrau Speelmann, Wassenaar, Haus de Wittenburg

120. Unterteil einer Kaminverkleidung aus grauem Marmor. Um 1750. — 121. Oberteil einer Kaminverkleidung mit Grisaillemalerei in goldenem Rahmen. Um 1760.

Baron de Smeth van Alphen, Haag, Prinsessegracht 31

Freiherr Groeninx van Zoelen, Haus „De Dreef" bei Rotterdam

122. Unterteil einer Kaminverkleidung aus weißem Marmor. Um 1710—1720. —
123. Kamin aus hellgrauem Marmor. Um 1745

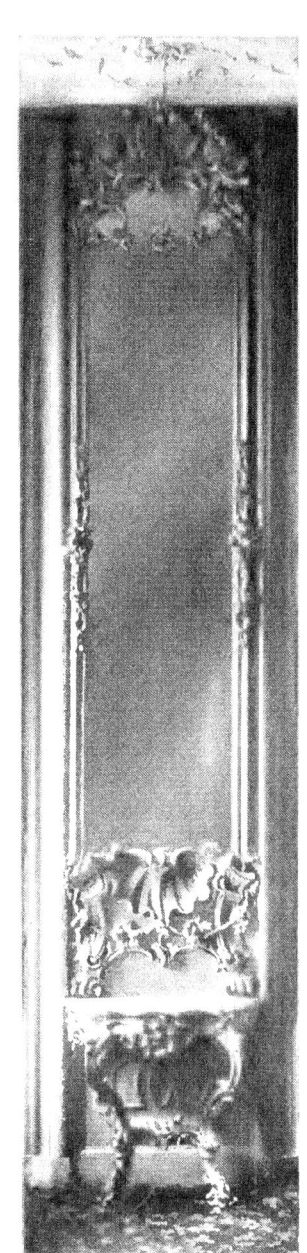

124. Fensterwandspiegel mit Konsoltisch aus indischem Holz. Die Wandverkleidung dahinter
neu. Um 1750. – *125.* Fensterwandspiegel mit Konsoltisch. Vergoldet mit Marmorplatte.
Um 1745.

Hamburg, Museum für Kunst und Gewerbe

126. Viertüriger Schrank aus Eichenholz mit Ranken- und Cherubornament. Datiert 1648.

127. Viertüriger Schrank aus Eichenholz. Im Fries Jagdszenen. Die Frauenstatuetten stellen Tugenden vor.
Um 1660

Freiherr den Beer Portugael, Haag

128. Viertüriger Schrank aus Eichenholz mit Ebenholzauflagen in den Randfeldern der Füllung.
Im Friese Jagdszenen. Die sechs Reliefs mit Szenen aus der Josephslegende nach Stichen des
Maerten van Heemskerck. Die Frauenstatuetten stellen Tugenden vor. Um 1660

129. Schrank aus Eichenholz mit Ebenholzfurnierung und Elfenbeinverzierungen. Um 1640

Baron de Smeth van Alphen, Haag

130. Zweitüriger eichener Schrank, sogenannter Utrechter Typus. Um 1645

137. Zweitüriger Schrank aus Eichenholz mit Palisander- und Ebenholzeinlagen. Sogenannter
Utrechter Typus. Um 1650. Im Fries anscheinend die rechte und linke Hälfte vertauscht

Freiherr van Reenen, Schaerweyde, Zeist

132. Zweitüriger Eichenschrank mit Palisander- und Ebenholzeinlagen. Sogenannter Utrechter
Typus. Um 1650

133. Zweitüriger Schrank aus Eichenholz, poliert und teilweise schwarz gebeizt mit Palisandereinlagen. Um 1660

134. Zweitüriger eichener Schrank mit Ebenholz- und Palisandereinlagen. Rückständiger Typus
eines Bauernschranks. Um 1750

135. Zweitüriger Schrank aus Palisanderholz mit Schnitzerei. Um 1660

136. Zweitüriger eichener Schrank mit Schnitzerei. Um 1660

Im Kunsthandel, Haar

Freiherr Schorer, Utrecht

137. Zweitüriger Schrank aus Palisanderholz mit schmalen Verdoppelungen auf den Pilastern. Um 1660 – 138. Zweitüriger Schrank aus Nußwurzelholz. Um 1670

Freilmuseum Dr. de Jonge, Utrecht

140. Zweitüriger Schrank aus Palisanderholz. Um 1660.

Baron Budianck, Wesenaet, Haus Teylingerhorst

139. Zweitüriger Schrank aus Palisanderholz mit schmalen Verdoppelungen. Um 1680. —

111. Zweitüriger Schrank aus Palisanderholz und Ebenholzeinlagen mit Verdoppelungen und Flammenleisten. Um 1670

Zentral-Museum, Utrecht

142. Viertüriger Schrank aus Eichenholz mit Ebenholzeinlagen und Palisanderverdoppelungen. Um 1660

Freiherr de Roisin van Buuregh, Haag

Herrn van Lennep, Utrecht

143. Viertüriger eichener Schrank mit Palisanderverdoppelungen, Ebenholzeinlagen und Flammenleisten. Um 1660. — 144. Viertüriger Schrank
aus Palisanderholz mit Ebenholzeinlagen und Flammenleisten. Um 1660

Freiherr Schorer, Utrecht

145. Zweitüriger Schrank aus Eichenholz mit Palisanderverdoppelungen und Ebenholzeinlagen. Typus aus der Provinz Gelderland (?). Um 1660. —
146. Viertüriger Schrank aus Eichenholz mit Palisanderverdoppelungen und Ebenholzeinlagen. Um 1660

147. Zweitüriger Schrank aus Eichenholz und Palisander mit Ebenholzeinlagen und Flammenleisten.
Um 1660

148. Zweitüriger Schrank aus Palisanderholz mit schmalen Verdoppelungen und Schnitzerei.
Um 1670

172. Zweitüriger Schrank aus Palisanderholz mit Verdoppelungen und Schnitzerei. Um 1670

Frau Koch, Scheveningen

150. Zweitüriger Schrank aus Nußwurzelholz mit schmalen Verdoppelungen und Schnitzerei.
Um 1680

152. Zweitüriger Schrank mit schweren Verdoppelungen und Schnitzerei aus Palisander und Ebenholz. Um 1670

151. Zweitüriger Schrank mit Verdoppelungen aus Palisander- und Ebenholz und Schnitzerei. Um 1660. — 152. Zweitüriger Schrank mit schweren Verdoppelungen und Schnitzerei aus Palisander- und Ebenholz. Um 1670

153. Zweitüriger Schrank aus Palisanderholz mit Verdoppelungen, Ebenholzeinlagen und Schnitzerei.
Um 1670

154. Zweitüriger Schrank aus Palisander- und Ebenholz mit Verdoppelungen und Schnitzerei. Um 1670

155. Zweitüriger Schrank aus Palisanderholz mit wagrechten Verdoppelungen
aus Ebenholz und Flammenleisten. Um 1670

156. Zweitüriger eichener Schrank im friesischen Typus, sogenannter „Keeft". Um 1680

Niederländisches Museum, Amsterdam. Kat. 108

157. Schrank mit Türen und Schubladen. Signiert: F. V. G. Brabant. Um 1700. Hinter den kleinen Türen bühnenartiger Raum mit Gartenprospekten bemalt. Die Marketerie aus Nuß-, Satin-, Palisander-, Ebenholz und Elfenbein, zum Teil grün gebeizt

158. Zweitüriger Schrank mit Einlagen aus Eben-, Palisander-, Nußholz und Bein. Um 1700

159. Zweitüriger Schrank mit Einlagen in verschiedenen Hölzern. Um 1700

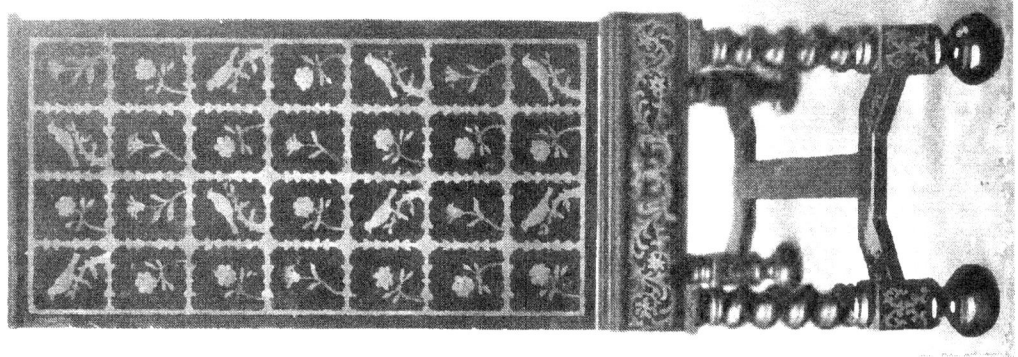

160. Zweitüriger Schrank aus Ebenholz mit Metallmarketerie. Um 1670 (Englisches Möbel?)

Graf van Aldenburg-Bentinck, Schloß Amerongen

161. Kabinettschrank aus Nußwurzelholz mit Messingbeschlägen. Um 1730

162. Kabinettschrank aus Nußwurzelholz mit Messingbeschlägen und Untersatz in
sogenanntem Orgeltypus. Um 1750

163. Kabinettschrank aus Nußwurzelholz mit drei Schubladen mit Messingbeschlägen. Erste Hälfte des 18. Jahrhunderts. — *164.* Porzellanschrank aus Nußbaumholz. Die Glasfenster neu. Um 1710

165. Porzellanschrank aus Nußholz mit Messingbeschlägen. Um 1720

Herr den Tex, Bilthoven bei Utrecht

166. Porzellanschrank aus Nußwurzelholz. Um 1730

167. Puppenhausschrank in Boullearbeit aus Schildpatt, Zinn und Silber. Um 1720

168. Puppenhausschrank mit Untersatz im sogenannten Orgeltypus. Schwarz lackiert und mit Gold und
Farben bemalt. Um 1750

169. Porzellanschrank mit Untersatz im sogenannten Orgeltypus und Messingbeschlägen. Um 1740

Dr. Pohnert Kunstsammlung, Magdeburg

170. Porzellanschrank mit bauchigem Untersatz aus Rosenholz mit Messingbeschlägen. Umgebaute Doppelkommode. Glasfenster neu.
Um 1760.   171. Kabinettschrank für Porzellan, aus Nußholz, rot lackiert mit Chinoiserien. Mitte des 18. Jahrhunderts

Freiherr Goltstein van Zeelen, Haag

Freiherr van Loon, Haag

172. Kleiner Porzellanschrank aus Palisander. Erste Hälfte des 18. Jahrhunderts. — 173. Modellschränkchen aus Schildpatt mit Perlmutter-
einlagen. Mitte des 18. Jahrhunderts

Reichsmuseum „Huis Lambert van Meerten", Delft

Städtisches Museum, Zwolle

174. Eichener Wandschrank hinter Tapetentür. Früher grün und gold gestrichen. Um 1730.
175. Eingebauter Porzellanschrank, schwarz und gold gestrichen. Um 1760

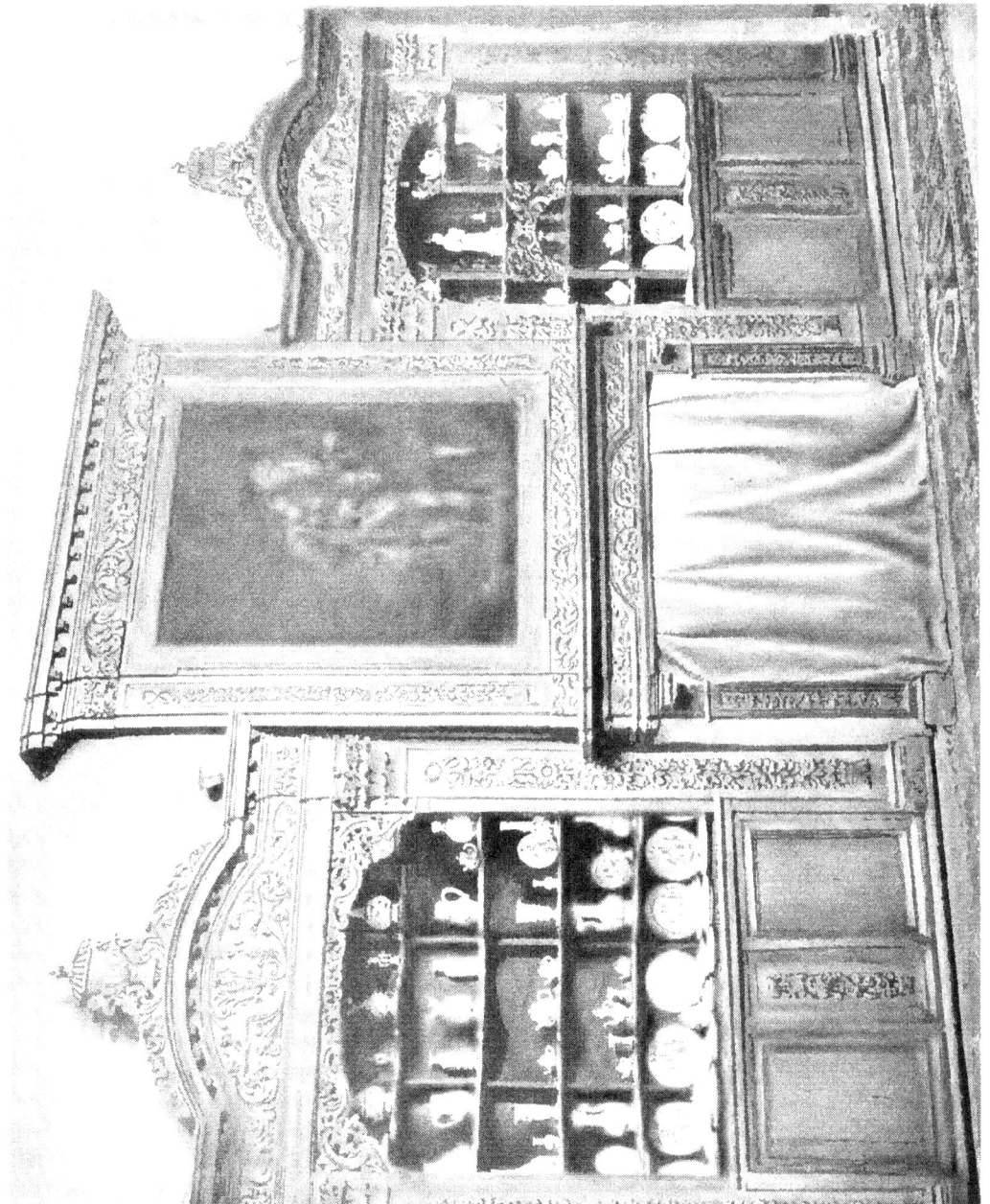

176. Geschnitzte Wandschränke für Porzellan und Kaminverkleidung aus einem Hause in Groningen. Um 1700

177. Doppelkommode mit Untersatz im sogenannten Orgeltypus mit Messingbeschlägen.
Um 1750

178. Doppelkommode aus Nußbaumholz. Mitte des 18. Jahrhunderts

Früher Sammlung L. Bernheimer, München

179. Doppelkommode aus Nußwurzelholz um 1750. Beschläge neu

180. Doppelkommode aus indischem Holz mit Mahagoniauflagen und Messingbeschlägen. An den Leisten der Türfüllung, in diesen versteckt, einige See-Embleme, erinnernd an einen Schiffbruch, der Anlaß wurde zur Herstellung des Möbels. Mitte des 18. Jahrhunderts

Freiherr Groeninx van Zoelen, Haag

181. Doppelkommode aus Nußwurzelholz mit Messingbeschlägen. Um 1760

182. Doppelkommode aus Nußwurzelholz mit Messingbeschlägen. Um 1760

Freiherr Groeninx van Zoelen, Haus „De Donck" bei Rotterdam

183. Doppelkommode aus Mahagoni mit Messingbeschlägen. Um 1760

184. Doppelkommode aus Nußwurzelholz mit Messingbeschlägen. Um 1760

Baron Bentinck, Wassenaar, Teylingerhorst

185. Doppelkommode mit bauchigem Untersatz aus Mahagoni mit Messingbeschlägen.
Die Ecksäulen haben Messingkapitelle und -basen. Um 1775

Frühere Sammlung L. Bernheimer, München

Frühere Speelman, Wassenaar, Huis de Wittenburg

186. Doppelkommode aus Nußwurzelholz. Messingbeschläge neu. Um 1760. — 187. Doppelkommode mit Messingbeschlägen, schwarz lackiert
mit leichter Golddekoration in chinesischem Geschmack.   Um 1750

Freiherr den Beer Portugael, Haag

188. Doppelkommode mit Messingbeschlägen, schwarz-gold lackiert auf chinesische Art. Um 1750. — 189. Zweitüriger Schrank aus Mahagoniholz mit Messingbeschlägen. Die Schubladen auf den Türen nur angedeutet. Um 1780

Graf van Aldenburg-Bentinck, Schloß Amerongen

188. Doppelkommode mit Messingbeschlägen, schwarz-gold lackiert auf chinesische Art. Um 1750. — 189. Zweitüriger Schrank aus Mahagoniholz mit Messingbeschlägen. Die Schubladen auf den Türen nur angedeutet. Um 1780

190. Viertüriger Eckschrank aus Mahagoniholz mit Messingbeschlägen.
Um 1760

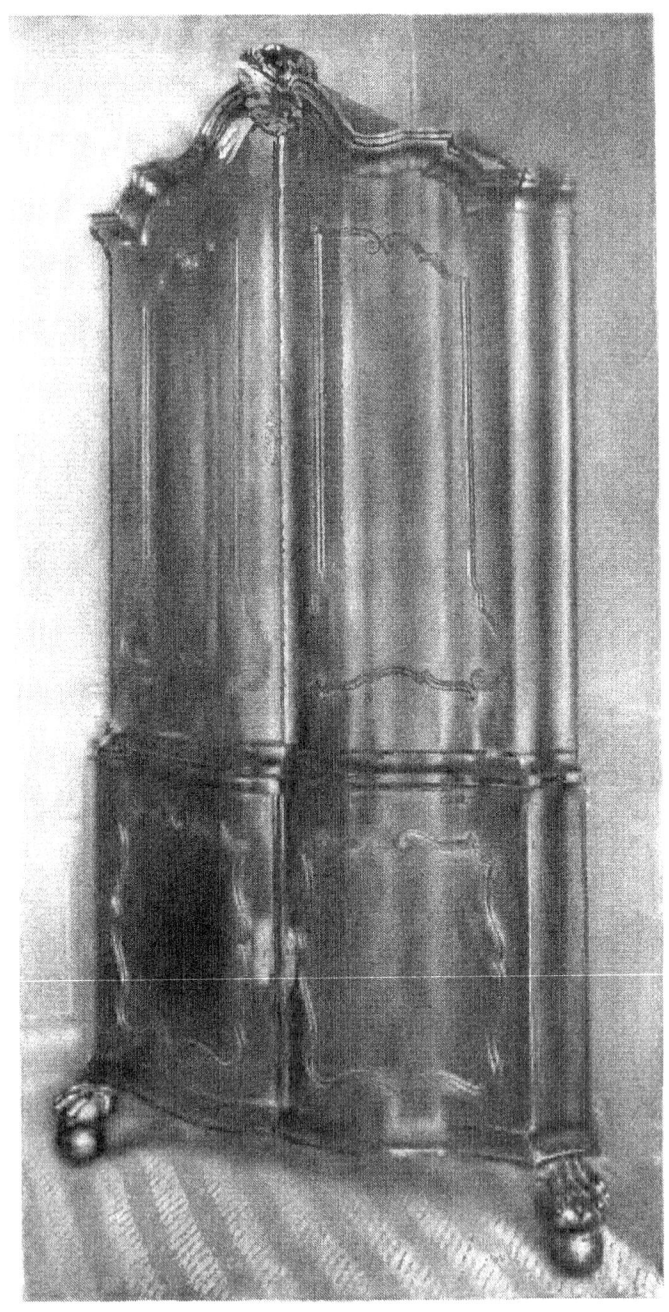

191. Viertüriger Eckschrank aus Mahagoniholz mit Messingbeschlägen.
Um 1760

192. Schreibkabinett aus Nußwurzelholz mit Spiegel und Messingbeschlägen.
Spiegelumrahmung aus Mahagoni. Um 1760

193. Schreibkabinett Abb. 192 geöffnet. Die Schubladen und Kästchen mit Rosenholz furniert.
Die Bücherrücken sind Atrappen. Um 1760

194. Schreibkabinett aus Nußwurzelholz mit Messingbeschlägen und Satinholzeinlagen.
Um 1760. Spiegel neu

195. Schreibkabinett Abb. 194 geöffnet. Die Statuetten des Merkur und der Minerva aus Messingguß. Um 1760

196. Schreibkabinett aus Mahagoni mit Spiegel und Messingbeschlägen. Um 1760

197. Schreibkabinett Abb. 196 geöffnet. Um 1760

198. Schreibkabinett aus Nußwurzelholz mit Messingbeschlägen. Um 1760

Freiherr Hooft Graafland, Utrecht

199. Schreibkabinett Abb. 198 geöffnet. Um 1760

200. Zweitüriger Schrank aus Nußholz (Aachener Typus?). Untersatz mit drei
Schubladen und Messingbeschlägen. Um 1720

201. Zweitüriger Bücherschrank aus Mahagoni mit Messingbeschlägen. Die Türen
mit Gittern versehen. Um 1720

Frau v. den Broeck d'Aubreaux, Haag

203. Zweitüriger Schrank aus Nußwurzelholz mit Messingbeschlägen.
Die Schubladen an den Türen nur angedeutet. Um 1770

Im Kunsthandel, Amsterdam

202. Zweitüriger Schrank aus Nußwurzelholz. Um 1730. — 203. Zweitüriger Schrank aus Nußwurzelholz mit Messingbeschlägen.
Die Schubladen an den Türen nur angedeutet. Um 1770

Zentral-Museum, Utrecht

204. Wandschrank mit Schnitzerei, angestrichen. Um 1730

Zentral-Museum, Utrecht

205. Küchenschrank, früher unten mit einfachen Holzfüllungen versehen.
Mitte des 18. Jahrhunderts

Früher Sammlung L. Bernheimer, München

206. Als Porzellanschrank umgebaute Doppelkommode aus Nussbaumholz.
Mitte des 18. Jahrhunderts

207. Tischschrank aus Nußholz mit Ebenholzeinlagen. Um 1660. — 208. Tischschrank aus Nußholz mit Ebenholzeinlagen. Um 1670

209. Zweitüriger Tischschrank aus Eichenholz mit Palisander- und Ebenholzeinlagen. Um 1660. — 210. Tischschrank aus Palisander-
und Ebenholz. Um 1670

211. Tischschrank aus indischem Rosenholz mit gewundenen freistehenden Ecksäulen. Um 1670 — 212. Tischschrank aus Ebenholz mit Schnitzerei. Um 1670

213. Tischschrank aus Palisanderholz mit Ebenholzeinlagen und Schnitzerei. Um 1670

274. Schrank einer Gildenstube mit Wappen und Emblemen. Datiert 1663. —
275. Furnierter Kunstschrank mit Nußwurzel-, Ebenholz- und Elfenbein-Einlagen.
Auf den Schubladen in Spiegel geschliffene Seegefechte. Mitte des 17. Jahrhunderts

Graf von Aldenburg-Bentinck-Besitz, Schlofs Ameronger

217. Tischschrank aus Eichenholz mit Nufswurzel furniert. Um 1670

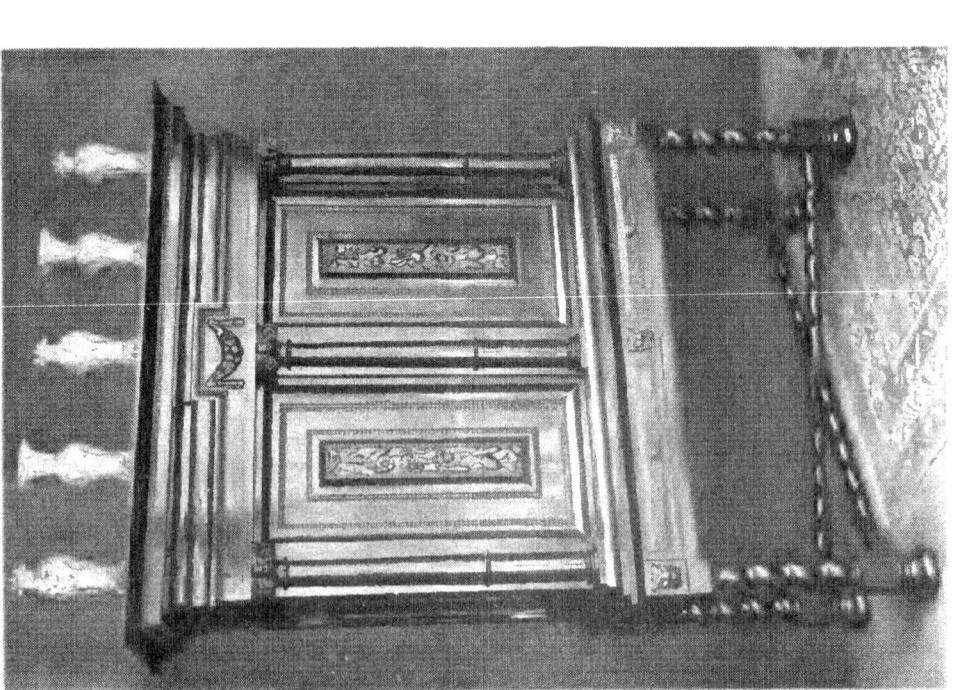

Im Kunsthandel, Amsterdam

216. Tischschrank vollständig mit Ebenholz furniert. Um 1660. — 217. Tischschrank aus Eichenholz mit Nufswurzel furniert. Um 1670

218 219. Zwei Tischschränke aus Ebenholz mit Messingbeschlägen. Indische Arbeit. Um 1700

220. Tischschrank aus Nußwurzelholz. Sogenannter Hochzeitsschrank. Um 1680

221. Schränkchen mit chinesischen Motiven aus farbig gebeizten Hölzern. Höhe 142 cm.
Anfang des 18. Jahrhunderts

Freiherr van Loon, Haag

Früher Sammlung L. Bernheimer, München

222. Schreibbüro mit Untersatz im sogenannten Orgeltypus. Nußwurzelholz
mit Messingbeschlägen. Um 1770. — 223. Kommode aus Mahagoniholz.
Mitte des 18. Jahrhunderts

Graf von Aldenburg-Bentinck, Schloß Ameroongen

228. Tischchen aus Palisanderholz mit gebeizten Intarsien und Messingbeschlägen. Um 1750. —
229. Kleine Kommode aus Mahagoniholz mit Messingbeschlägen. Um 1750. — 226. Kommode aus
            . . . . und Messingbeschlägen. (Holländische Nachahmung eines
                        . . . . Musters). Um 1750.

Graf van Aldenburg-Bentinck, Schloß Amerongen

Städtisches Museum, Amsterdam

227. Kommode aus Nußwurzelholz mit Messingbeschlägen. Um 1770. — 228. Kommode aus Nußwurzelholz mit Marketerie aus Satin- und Olivenholz. Um 1780

229. Kleine blau-grün lackierte Kommode. Mitte des 18. Jahrhunderts. (Englische Arbeit?). — 230. Schwarze Lackkommode mit Chinoiserien. Um 1730.

231. Betthimmel und Bettlade, geschnitzt und vollständig überzogen. Wohl nach Entwurf
von Daniel Marot. Um 1720

232. Betthimmel mit verkröpftem und profiliertem Gesims mit dem grünen Damast der Vorhänge
überzogen. Um 1730

Graf van Aldenburg-Bentinck, Schloß Amerongen

233. Betthimmel mit roten Vorhängen und bunter Stickerei. Erste Hälfte des 18. Jahrhunderts

235. Leinenpresse aus Eichenholz mit
Palisandereinlagen. Um 1650

234. Leinenpresse aus Eichenholz mit Palisandereinlagen. Mitte des 17. Jahrhunderts. — 235. Leinenpresse aus Eichenholz mit
Palisandereinlagen. Um 1650

Früher Sammlung L. Bernheimer, München

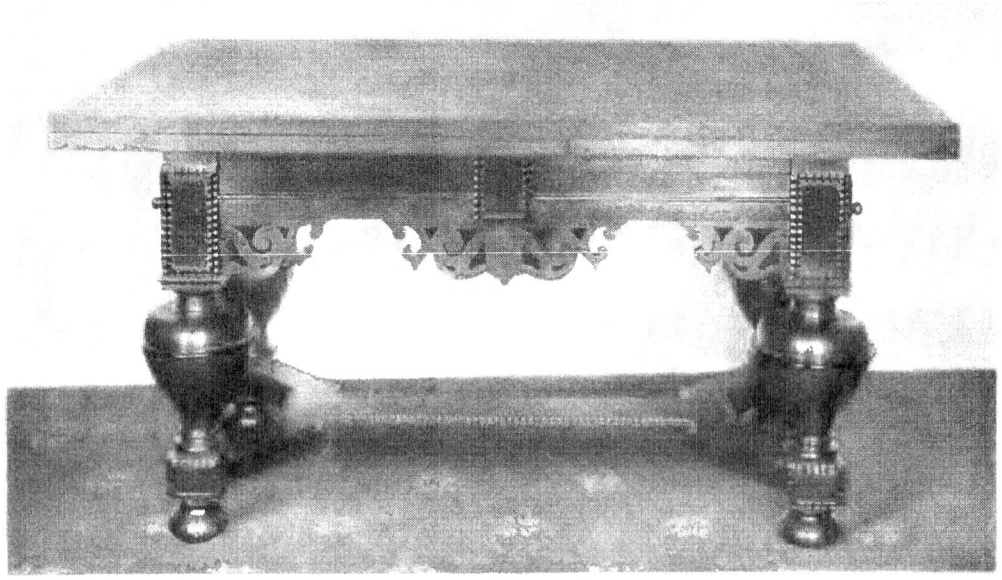

Freifrau Snouck Hurgronje, Haag

236. Tisch aus Nußholz. Um 1660. — 237. Ausziehtisch aus Eichenholz. Unterteil aus Palisander
mit Ebenholzeinlagen. Um 1660

Frau van den Broeck d'Aubrenan, Haag

Frau von den Broeck d'Aubrenan, Haag

238. Tisch aus Palisander mit Flammenleisten. Um 1670. — 239. Tisch aus Nußholz. Um 1670

Frau van den Broeck d'Aubrenan, Haag

Frau van den Broeck d'Aubrenan, Haag

240. Tisch aus indischem Holz. Um 1660. — 241. Tisch aus indischem
Holz mit Schnitzerei. Um 1670

212 Tisch aus Nußholz, gold gestrichen, mit Marmorplatte. Um 1660. —
213 Tisch aus weiß- und goldgestrichenem Eichenholz mit Marmorplatte.
Um 1670

Baron de Smeth van Alphen, Haag

Baron de Smeth van Alphen, Haag

244. 245. Vergoldete eichene Tische mit Marmorplatten. Um 1670

246. Tisch aus Eichenholz, weiß und gold gestrichen, mit Marmorplatte.
Um 1670. — 247. Tisch aus geschnitztem Lindenholz. Marmorplatte ab-
genommen. Um 1680

Zentral-Museum, Utrecht

Freifrau Loudon, Haag

248. Ovaler Tisch aus Nußholz mit Schnitzerei. Um 1710. — *249.* Tisch aus Nußholz mit Schnitzerei. Um 1710

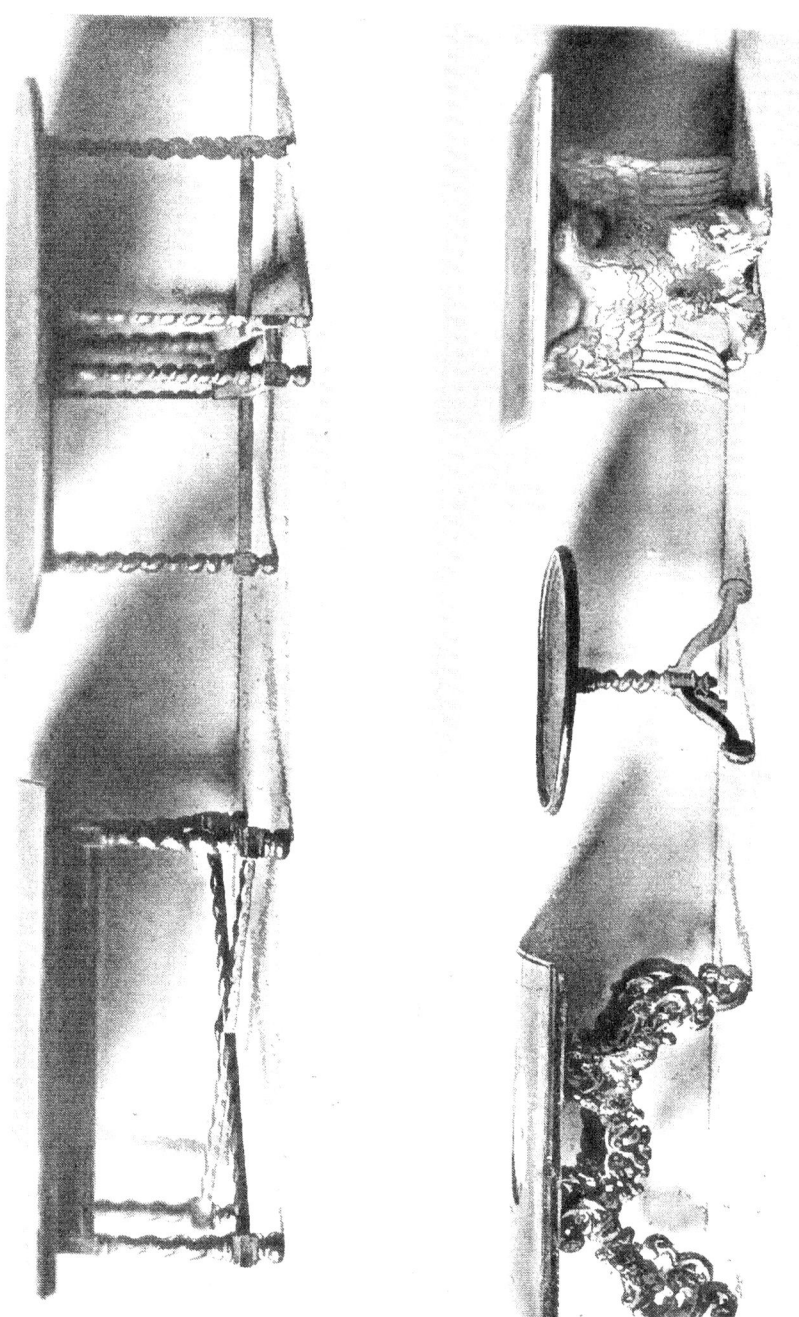

Nach Müller und Vogelsang, Holländische Patrizierhäuser

250 251. Tische aus dem Utrechter Puppenhaus

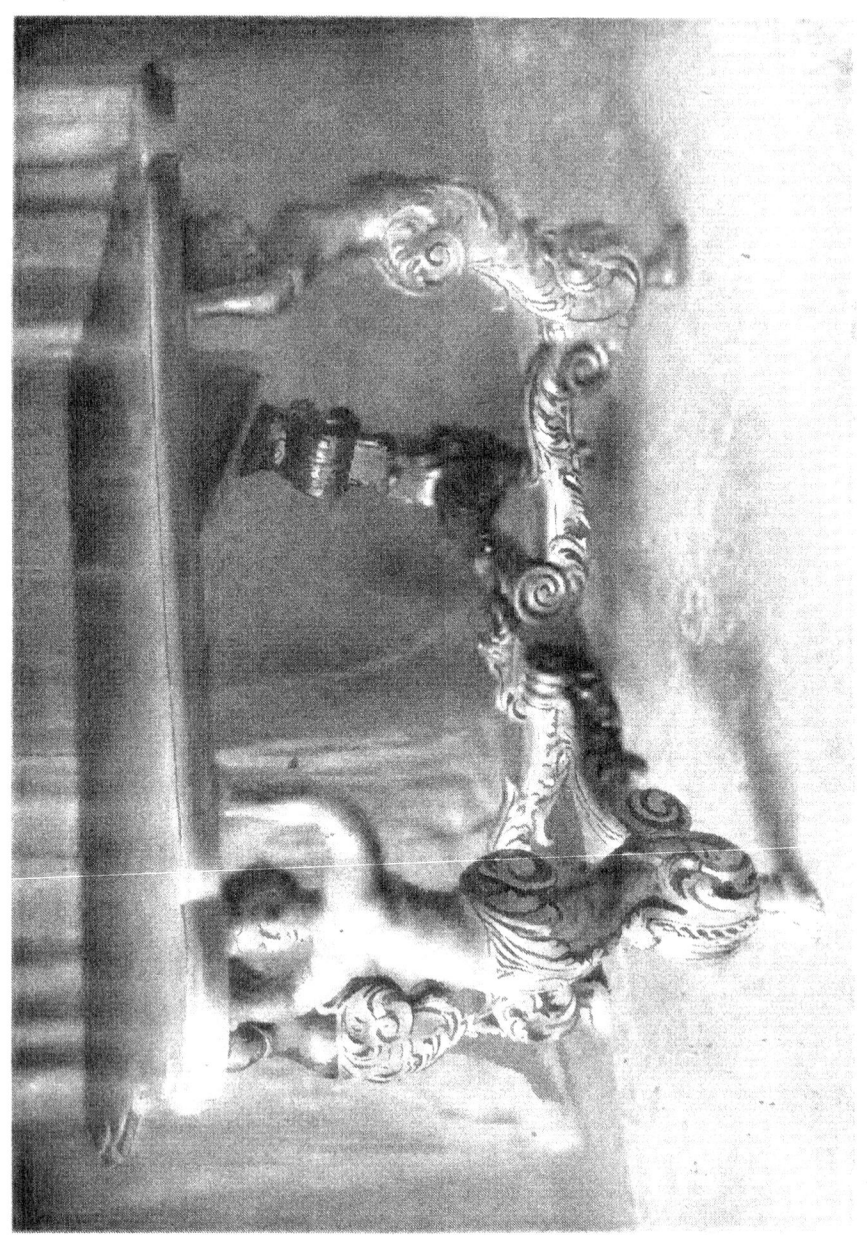

Freifrau London, Haag

252. Tisch aus Nußholz mit Schnitzerei. Um 1690

Niederländisches Museum, Amsterdam. Kat. 263

Graf van Aldenburg-Bentinck, Schloß Amerongen

253. Eichener Tisch mit Nußholz furniert. Um 1710. — 254. Tisch mit Marketerie
in verschiedenen Holzarten. Um 1710

255. Tischplatte aus Nußwurzelholz mit hellen Holzeinlagen. Um 1700. — 256. Schreibtisch aus Nußbaumholz. Beschläge später. Um 1700

257. 258. Tisch aus Nußbaumholz nebst der in verschiedenen Hölzern eingelegten Platte
Um 1700

Baronin Clifford, Haag

Frau van den Broeck d'Aubrenan, Haag

259. Tisch aus Palisander mit Messingbeschlägen. Um 1730. — 260. Tisch aus Nußholz
mit Schnitzerei. Um 1750

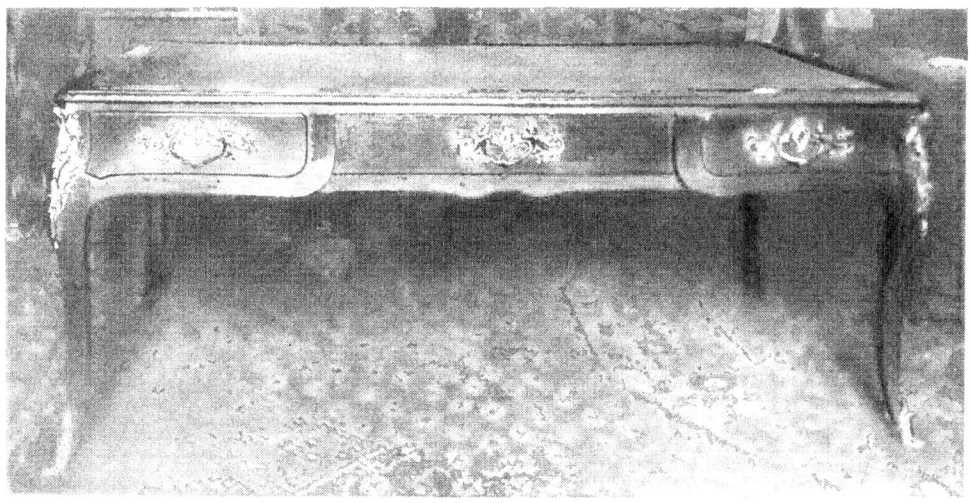

261. Tisch aus Mahagoni mit Messingbeschlägen. (Holländische Arbeit?) Um 1760. — 262. Schreibtisch aus Eichenholz mit Messingbeschlägen. Holländische Nachahmung eines französischen Musters? Um 1740

263. Spieltisch mit Klappfuß aus Mahagoniholz. Um 1740. — *264.* Schreibtisch
aus Nußbaumholz. (Englische Arbeit?) Um 1740

265. Kleiner Serviertisch mit eingelassenem Servierbrett aus Mahagoni. Um 1724. —
266. Schreibtisch aus Mahagoniholz. Um 1750

Sämtliche Niederländisches Museum Amsterdam. Kat. 183, 184, 191, 190

267. Stuhl aus Nußholz mit neuem Bezug. Um 1660. — 268. Stuhl aus Nußholz. Der Tapisserie-
bezug auf dem Sitz nicht zugehörig. Um 1660. — 269. Sessel aus dunkel gebeiztem Nußholz. Der
bläuliche Seidenbezug 18. Jahrhundert. Der obere geschweifte Rand erneuert. Um 1660. —
270. Sessel aus Nußholz. Die Polsterbezüge neu. Die Tapisserie aufgelegt. Um 1660

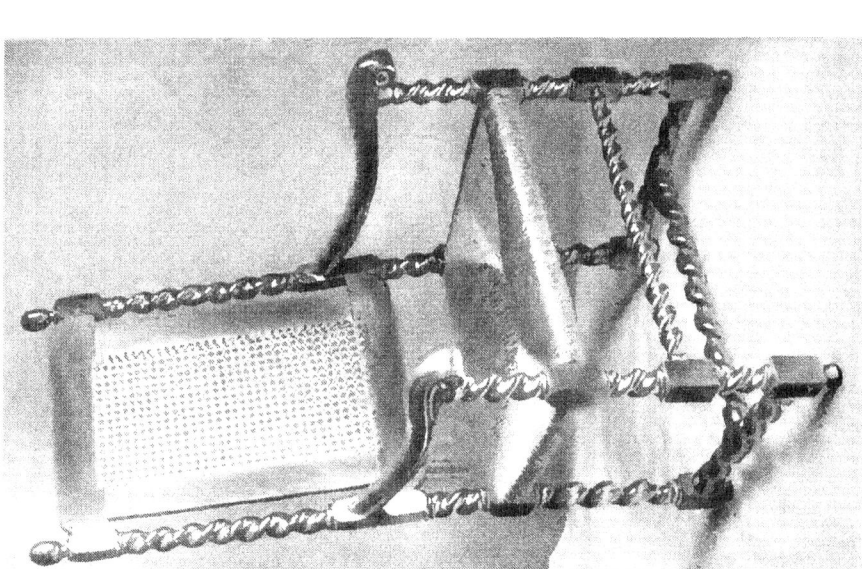

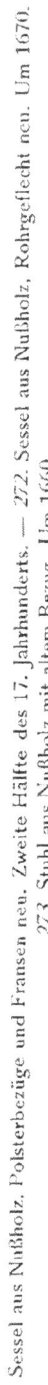

271. Sessel aus Nußholz. Polsterbezüge und Fransen neu. Zweite Hälfte des 17. Jahrhunderts. — 272. Sessel aus Nußholz, Rohrgeflecht neu. Um 1670. — 273. Stuhl aus Nußholz mit altem Bezug. Um 1660

Niederländische Museum Amsterdam, Kat. 1903

Graf van Lynden, Wassenaar, Haus Beukenhorst

275. Sessel aus Nußholz mit Wollplüsch. Muster weinrot und grün auf
graugelbem Grund. Um 1670

274. Sessel aus Nußholz mit neuem Bezug. Um 1680.

Niederländisches Museum, Amsterdam. Kat. 264

Niederländisches Museum, Amsterdam. Kat. 197

Gräflich Brandt-Harmonje, Haag

Niederländisches Museum, Haag, Kat. 205

276. Sessel aus Nußholz, dunkel gebeizt. Ende des 17. Jahrhunderts. — 277. Stuhl aus Nußholz. Zweite Hälfte des 17. Jahrhunderts. — 278. Stuhl aus Nußholz mit Rohrgeflecht.
Um 1710. — 279. Kindersessel aus Buchenholz mit Rohrbespannung. Um 1700

Friesch-Museum, Leeuwarden

Freifrau Loudon, Haag

280. Liegebank aus Mahagoni mit gedrehten Stützen. Die Matratze neu. Um 1680. — 281. Liegebank aus Nußholz mit Schnitzerei. Rohrgeflecht neu. Um 1700

282. Sessel aus Nußholz mit neuem Bezug aus altem blauem Seidendamast. Um 1710. — 283. Sessel aus Nußholz. Polsterung und Bezüge neu. Letztes Drittel des 17. Jahrhunderts — 284. Sessel aus Nußholz mit grünem Plüschbezug und havannafarbigem Besatz. Rücklehne ursprünglich gewölbt? Letztes Drittel des 17. Jahrhunderts

Niederländisches Museum, Amsterdam, Kat. 24

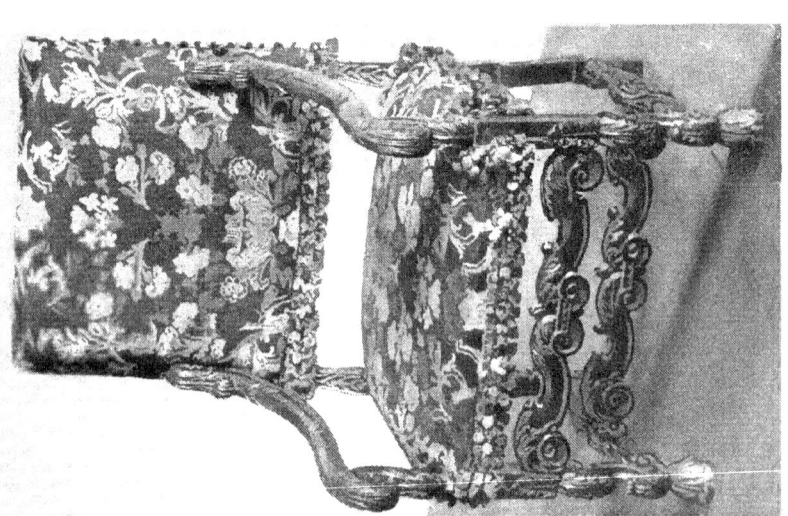

Graf von Aldenburg-Bentinck, Schloß Amerongen

Niederländisches Museum, Amsterdam, Kat. 311

285. Sessel aus Nußholz mit modernem Bezug. Um 1700. — 286. Sessel aus Nußholz mit alter Stickerei. Um 1690. — 287. Sessel aus Nußholz, dunkel lackiert. Bezug aus rotem Wollplüsch. Um 1700

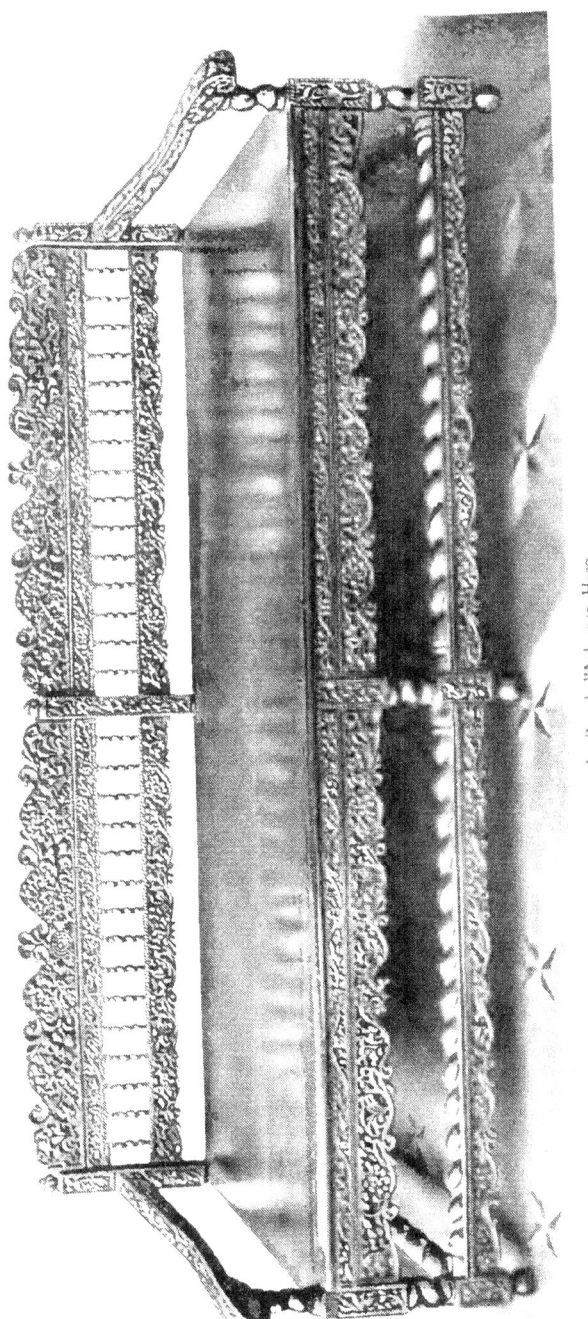

Frau van den Broek d'Aubrenan, Haag

288. Bank aus indischem Holz mit Schnitzerei. Zweite Hälfte des 17. Jahrhunderts

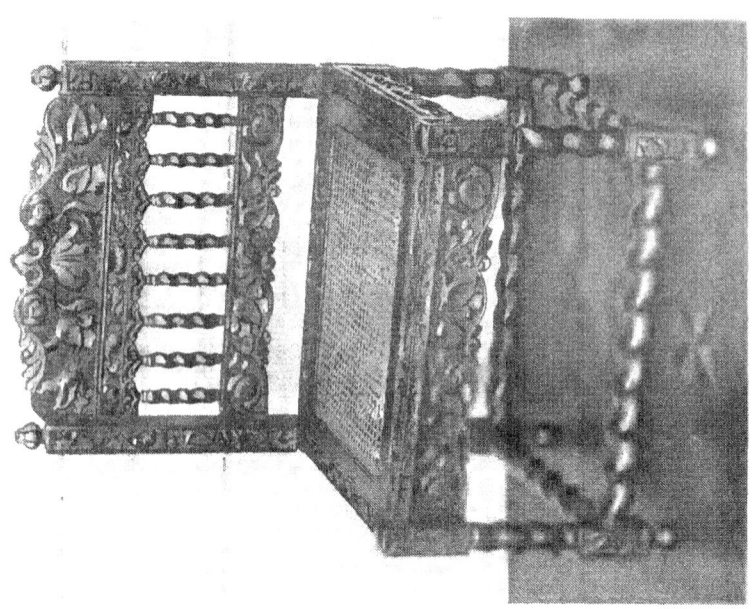

Frau van den Broeck d'Aubrenan, Haag

Frau van den Broeck d'Aubrenan, Haag

289/290. Stühle aus indischem Holz mit Schnitzerei. Der Rohrsitz des einen neu. Zweite Hälfte des 17. Jahrhunderts

291. Sessel aus Eichenholz mit Schnitzerei, Rohrgeflecht neu. In den Maßen von indischen Möbeln beeinflußt. Um 1700. — 292. Stuhl aus indischem Holz mit Schnitzerei. Um 1670

Frau van den Bosch d'Aubrenau, Haag

Niederländisches Museum, Amsterdam. Kat. 245

Reichsmuseum „Huis Lambert van Meerten", Delft

293. Sessel aus indischem Holz. Bezug der Lehne neu. Um 1700. — 294. Sessel aus Kirschbaumholz. Sitz aus Binsengeflecht. Zweite Hälfte des 17. Jahrhunderts. — 295. Stuhl aus Nußholz, Sitz aus Binsen geflochten. Um 1700.

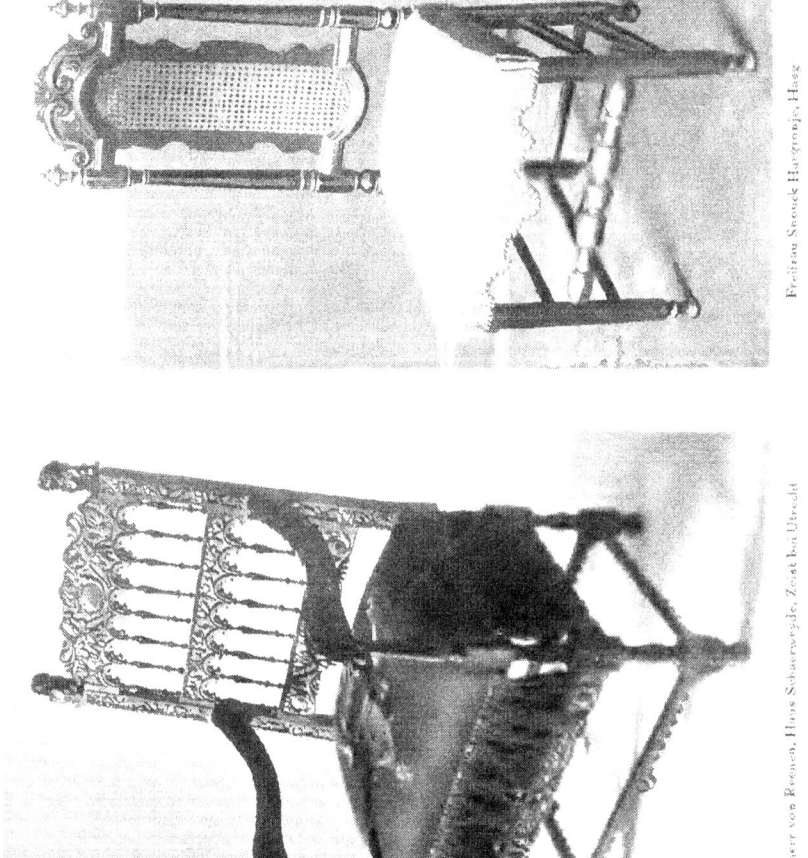

296. Stuhl aus Nußholz. Sitz früher aus Binsengeflecht. Um 1700. — 297. Sessel aus Nußholz, die Seitenstützen aus Ebenholz, Polsterung und Fransen neu. Um 1650. — 298. Stuhl aus Nußholz. Bezug und Rohrgeflecht neu. Um 1720

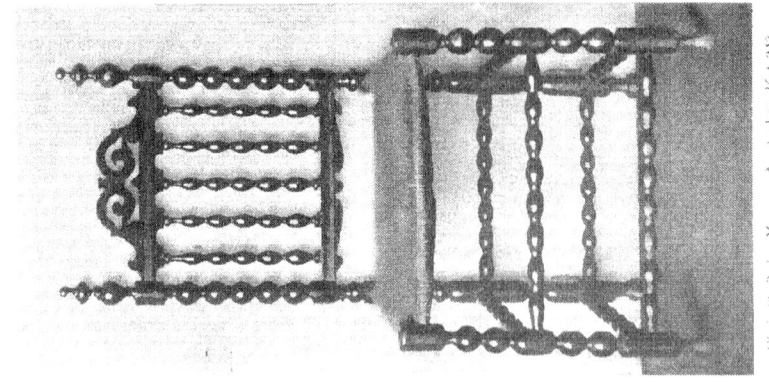

Niederländisches Museum, Amsterdam, Kat. 243

Freiherr von Peez Portugal, Haag

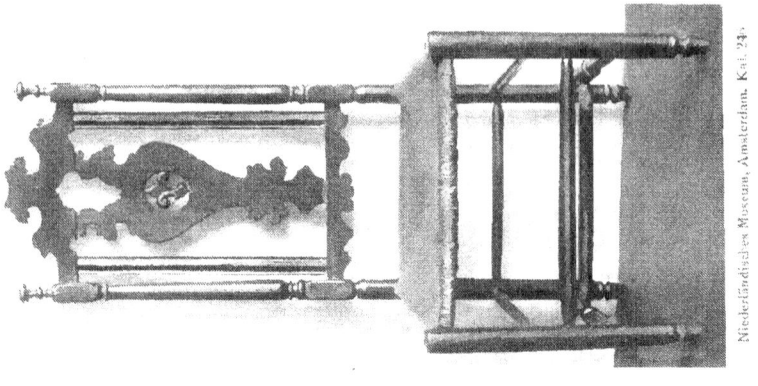

Niederländisches Museum, Amsterdam, Kat. 246

299. Stuhl aus Kirschbaumholz. Sitz aus Binsengeflecht. Um 1700. — 301. Gedrechselter Stuhl aus Nußholz. Sitz aus Binsengeflecht. Mitte des 18. Jahrhunderts. — 300. Sessel aus Nußholz. Der Goldlederbezug des Sitzes nicht zugehörig. Um 1700. — 301. Gedrechselter Stuhl aus Nußholz. Sitz aus Binsengeflecht. Mitte des 18. Jahrhunderts

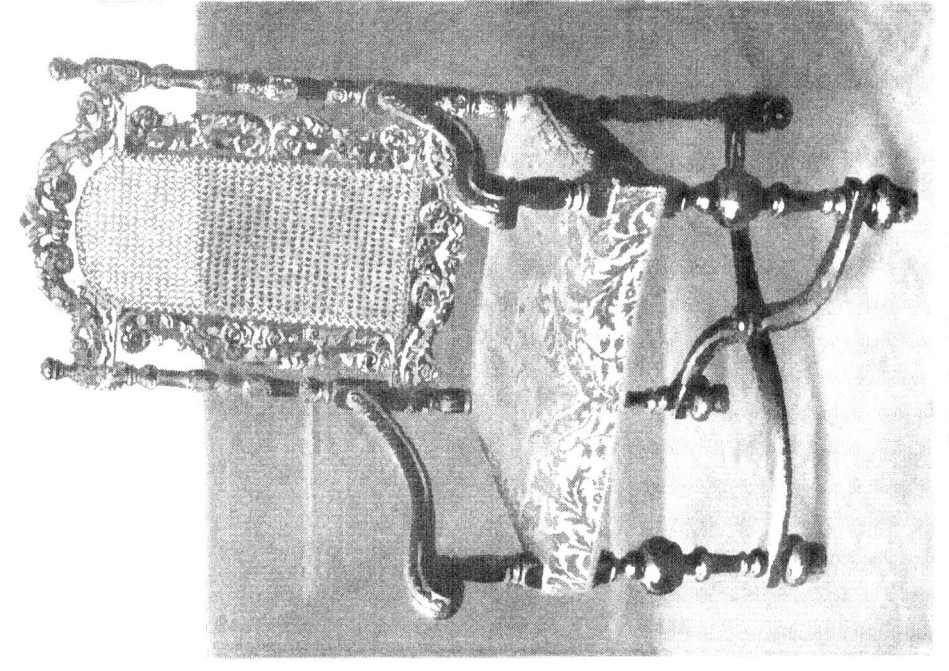

302. Sessel aus Nußholz. Der Goldledersitz nicht zugehörig. Um 1700. — *303.* Sessel aus Nußholz. Um 1720. Der Sitz erneuert

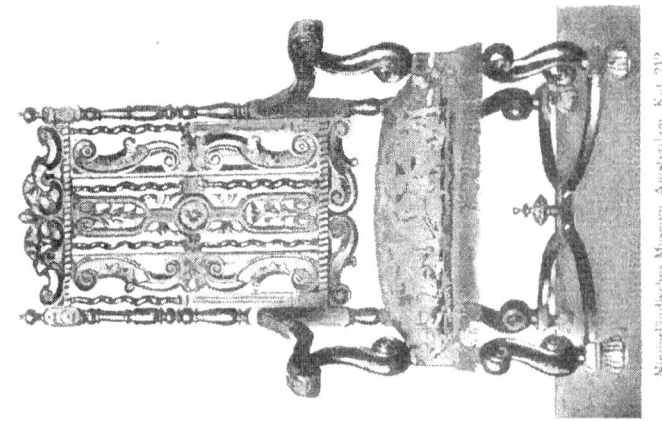

Niederländisches Museum, Amsterdam. Kat. 212

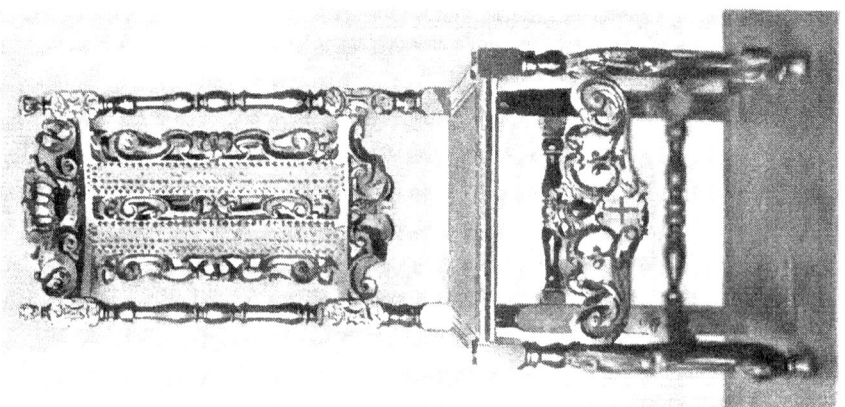

Niederländisches Museum, Amsterdam. Kat. 210

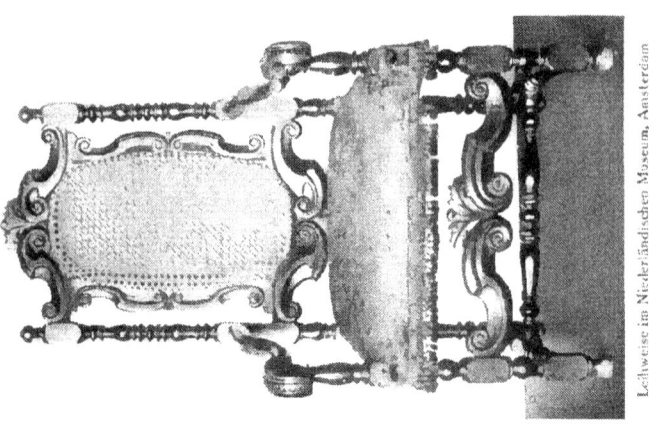

Leihweise im Niederländischen Museum, Amsterdam

304. Sessel aus Nußholz. Der Rahmen des Sitzes erneuert. Um 1700. — *305.* Stuhl aus Nußholz. Die geschnitzte Sprosse vorn mit dem Wappen neu. Um 1700. — *306.* Sessel aus Nußholz, schwarz gebeizt und lackiert. Um 1700

Niederländisches Museum, Amsterdam. Kat. 207

Freifrau Snoek Hurgronje, Haag

307. Sessel aus Nußholz mit Schnitzerei und Rohrgeflecht. Um 1710
308. Bank aus Nußholz mit Schnitzerei und Rohrbespannung. Im Wappenschild unten: A. B. 1707. —

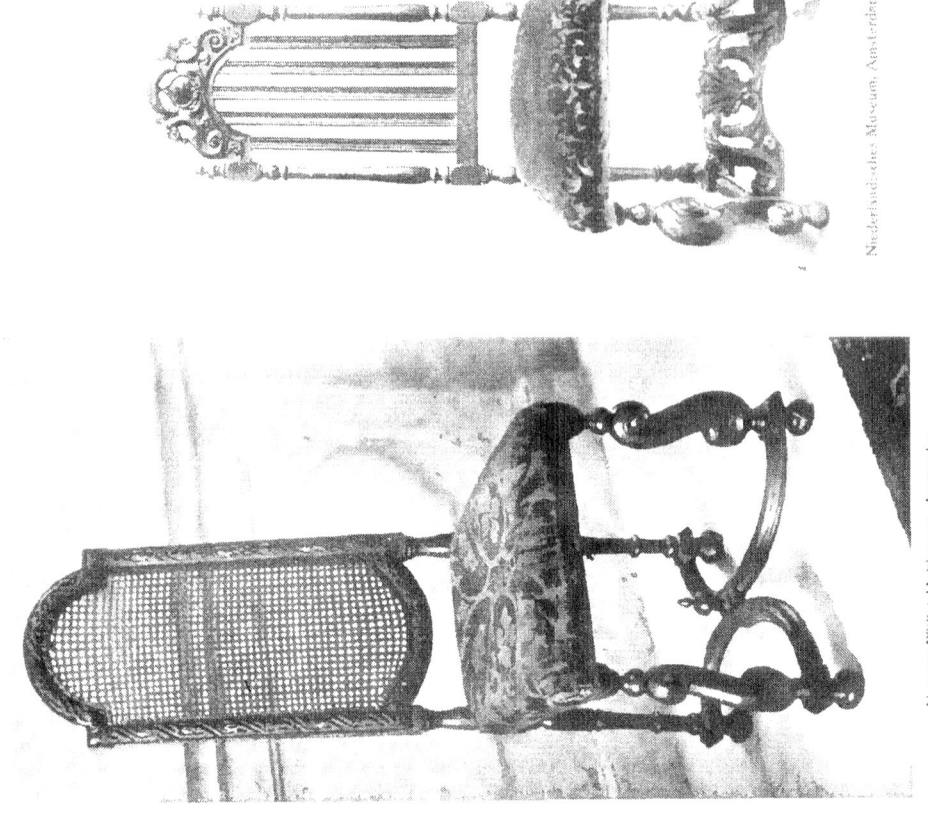

Freifrau Snouk Hurgronje, Haag.

Museum Willet-Holthuysen, Amsterdam.

Niederländisches Museum, Amsterdam. Kat. 217.

309. Sessel aus Nußholz mit neuem Bezug. Um 1700. — 310. Stuhl aus Nußholz. Um 1700. — 311. Stuhl aus Nußholz mit geblümtem Wollplüschbezug. Um 1720

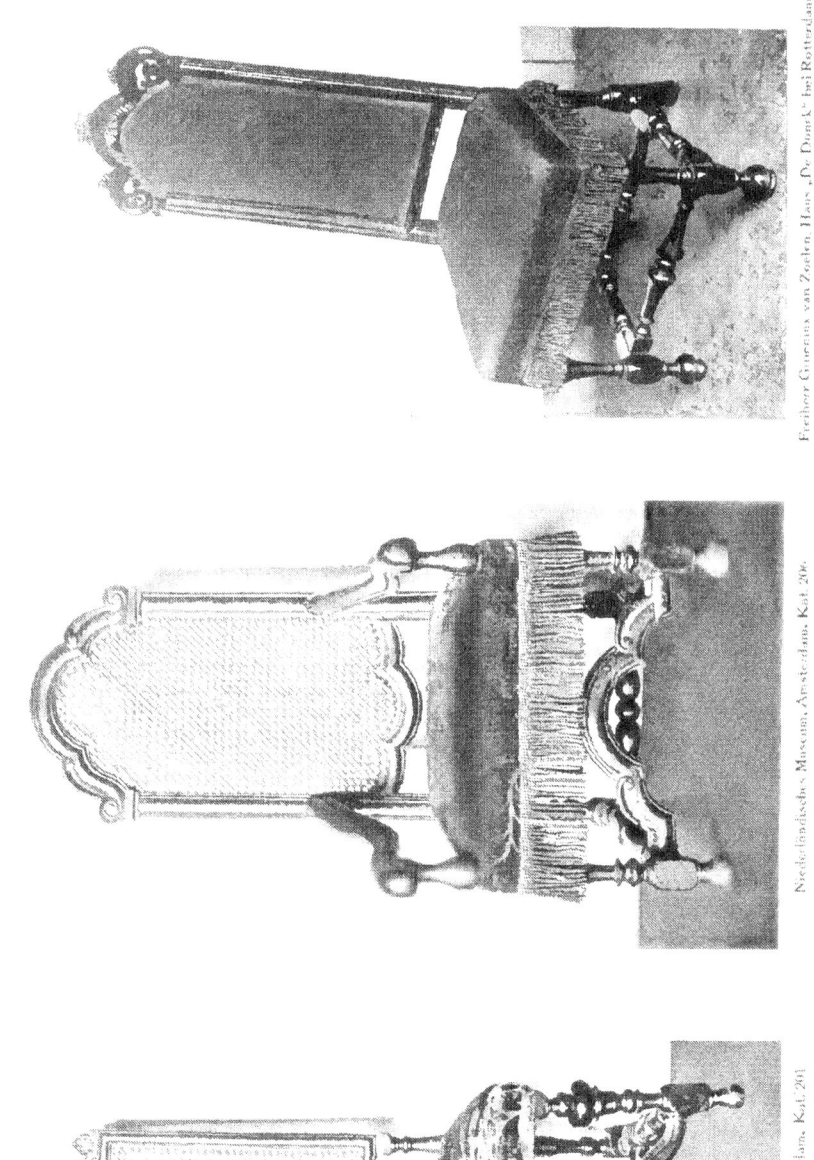

Niederländisches Museum, Amsterdam. Kat. 261.

Niederländisches Museum, Amsterdam. Kat. 206.

Freiherr Gustavus van Zuylen Haus „De Dunk" bei Rotterdam

312. Stuhl aus Nußholz mit altem Wollplüschbezug. Um 1700. — 313. Kindersessel aus Nußholz mit rotem Plüschbezug. Um 1710. —
314. Stuhl aus Nußholz. Bezug neu. Um 1700

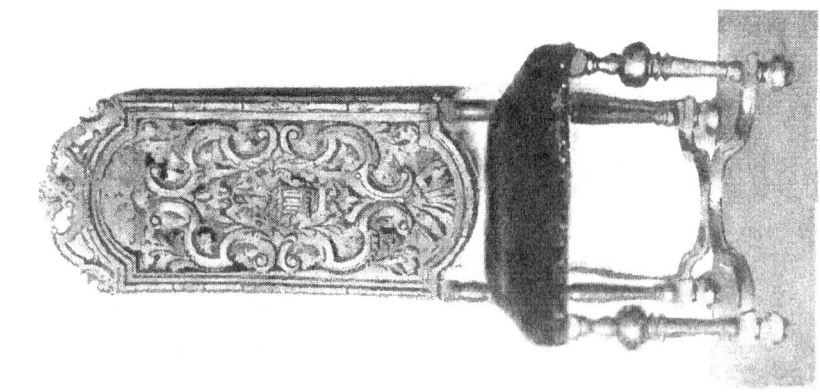

376. Stuhl aus Nußholz mit Schnitzerei.
Bezug (Vlämische Arbeit?). Um 1700

375. Stuhl aus Nußholz. Zweite Hälfte des 17. Jahrhunderts. — 376. Stuhl aus Nußholz mit Schnitzerei.
Polsterung und Fransen erneuert. Um 1700. — 377. Stuhl aus Nußholz mit Schnitzerei und grünem Bezug (Vlämische Arbeit?). Um 1700

375. Stuhl aus Nußholz. Polsterbezug und Fransen neu. Zweite Hälfte des 17. Jahrhunderts. —

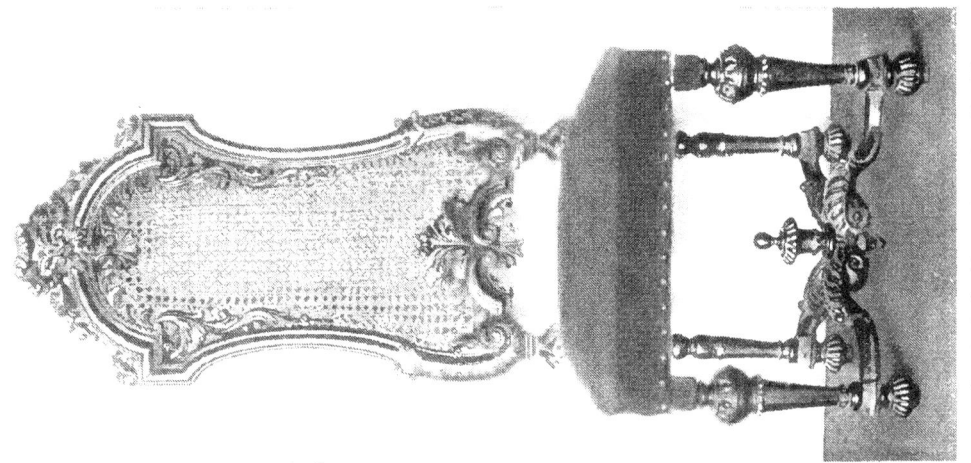

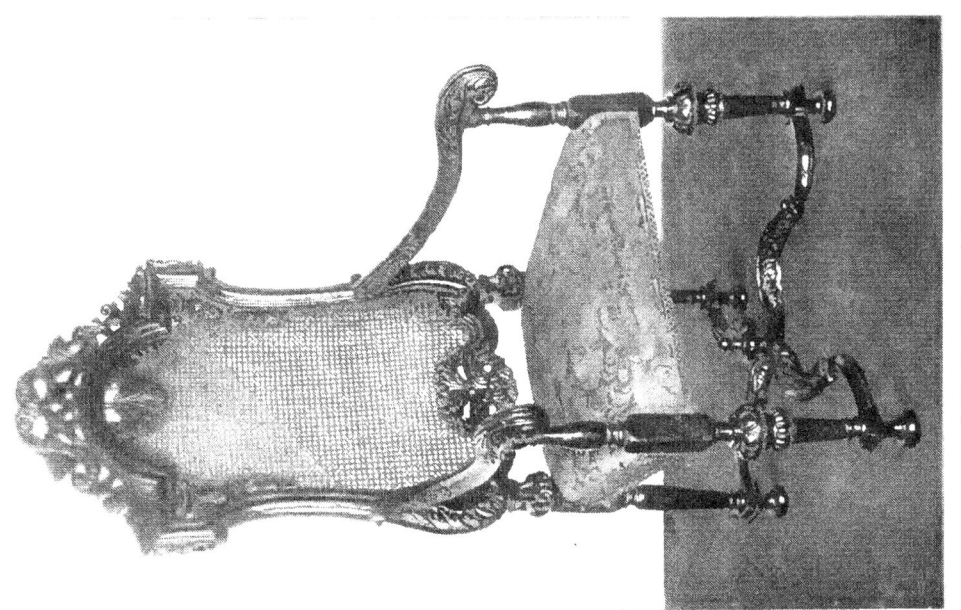

318. Sessel aus Mahagoniholz mit schwarzem Anstrich. Rohrgeflecht und Bezug neu. Um 1720. — 319. Stuhl aus
Nußholz mit Schnitzerei. Polsterung neu. Um 1720

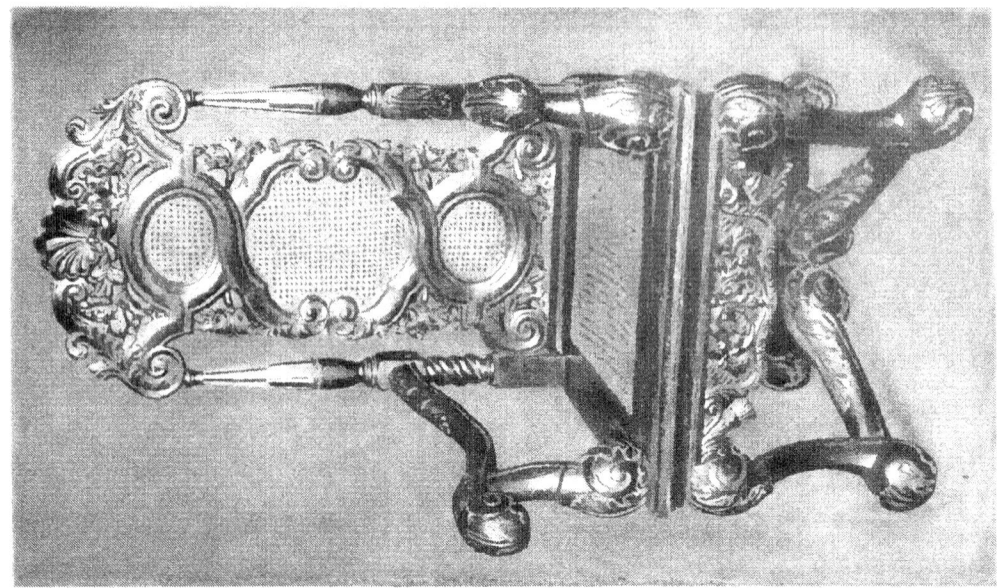

Freiherr Leuthen Haus

321. Sessel aus Nußholz mit Schnitzerei, Rohgeflecht neu. Um 1700

Freiherr Leuthen, Haag

320. Stuhl aus Nußholz mit Schnitzerei. Um 1720. — *321.* Sessel aus Nußholz mit Schnitzerei. Um 1700.

Stedelijk Museum, Amsterdam

Frau Sahak Hairenian, Haag

Frau Hepner von Kittendorf, Haag

322. Stuhl aus Nußwurzelholz mit Rohrgeflecht und Seidenbezug. Um 1740. — 323. Stuhl aus Nußholz. Rohrgeflecht und Bezug neu. Um 1740. —
324. Stuhl aus Nußholz. Rohrgeflecht und Bezug neu. Um 1740

Freiherr Goermans van Zuylen, Haag

Niederländisches Museum, Amsterdam. Kat 219

Niederländisches Museum, Amsterdam. Kat 218

325. Sessel aus Nußholz, Goldlederbezug nicht zugehörig. Erste Hälfte des 18. Jahrhunderts. — 326. Stuhl aus gebeiztem Buchenholz. Geflecht des Sitzes neu. Um 1740. — 327. Sessel aus Nußholz mit Rohrgeflecht. Um 1710

Friedrich Smidt's Huisgenote, Haag

Nederlandsche Museum, Amsterdam. Kat. 218

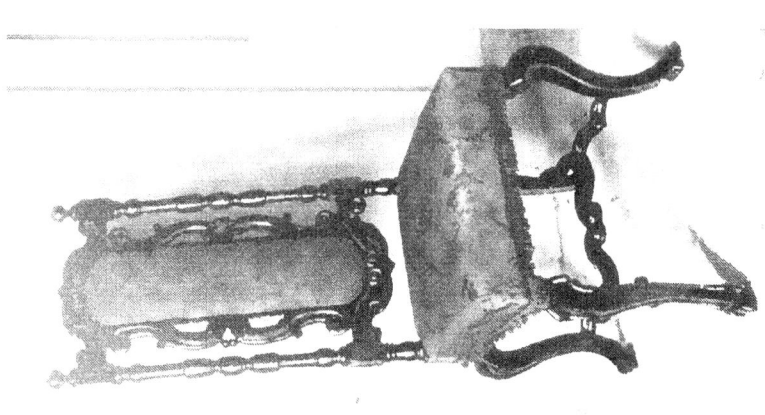

Baron de Smeth van Alphen, Haag

328. Stuhl aus Eichenholz mit altem Bezug. Um 1730. — 329. Stuhl aus Nußholz. Sitzpolster mit einer stark beschädigten Blumentapisseric bezogen. Mitte des 18. Jahrhunderts. — 330. Sessel aus Nußholz. Goldlederbezug nicht zugehörig. Um 1720

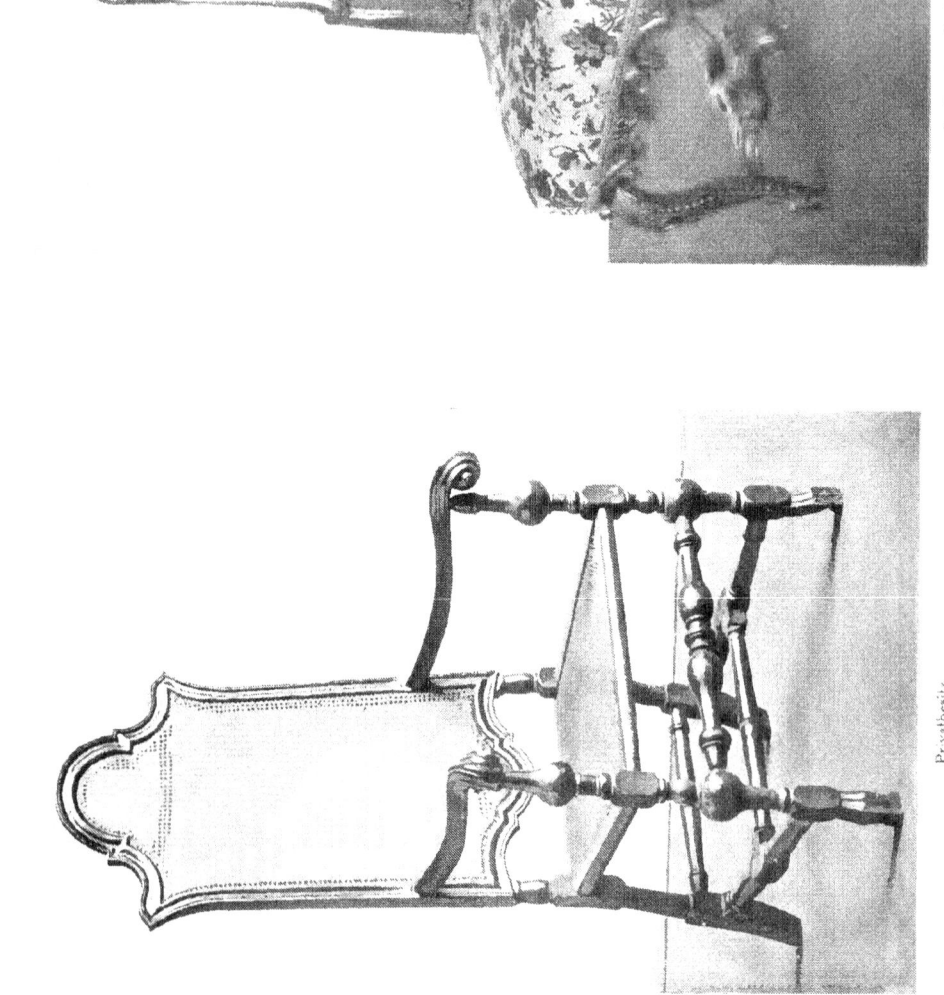

Freifrau Snoeck Hurgronje Haag

Privatbesitz

331. Sessel aus Nußholz mit Rohrgeflecht (Holländische Arbeit?). Um 1720. — 332. Stuhl aus Nußholz mit Schnitzerei.
Bezug neu. Um 1740

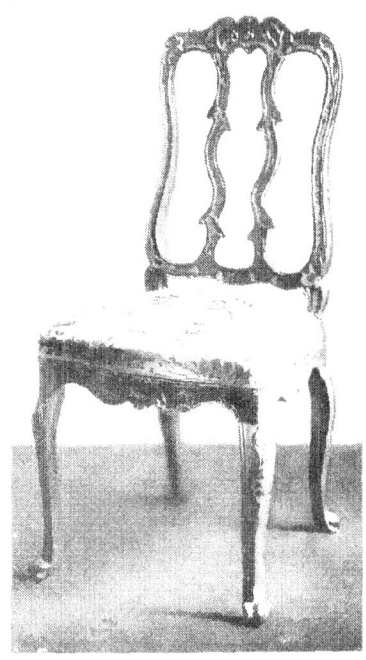

Baron de Smeth van Alphen, Haag

Baron de Smeth van Alphen, Haag

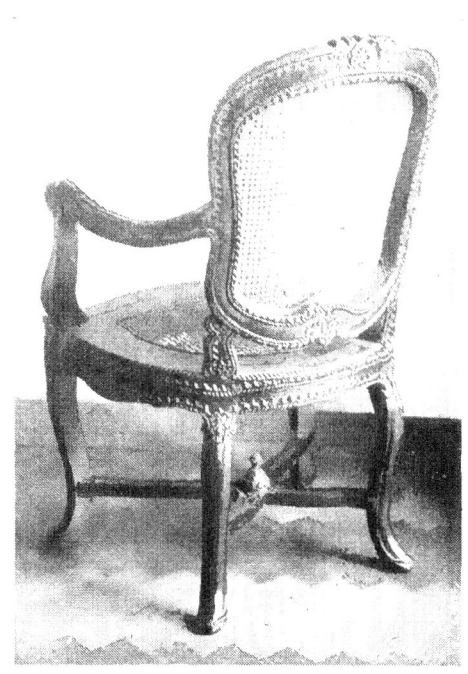

Baronin Clifford, Haag

Baronin Clifford, Haag

333. Stuhl aus Buchholz mit altem Bezug im Stil Ludwig XV, grau und gold angestrichen. Um 1740. — 334. Sessel aus Eichenholz mit altem Bezug, grau und gold angestrichen. Um 1740. — 335/336. Sessel aus Nußholz. Überzug der Lehne und Sitz aus Rohrgeflecht erneuert. Vorder- und Rückansicht. Um 1730

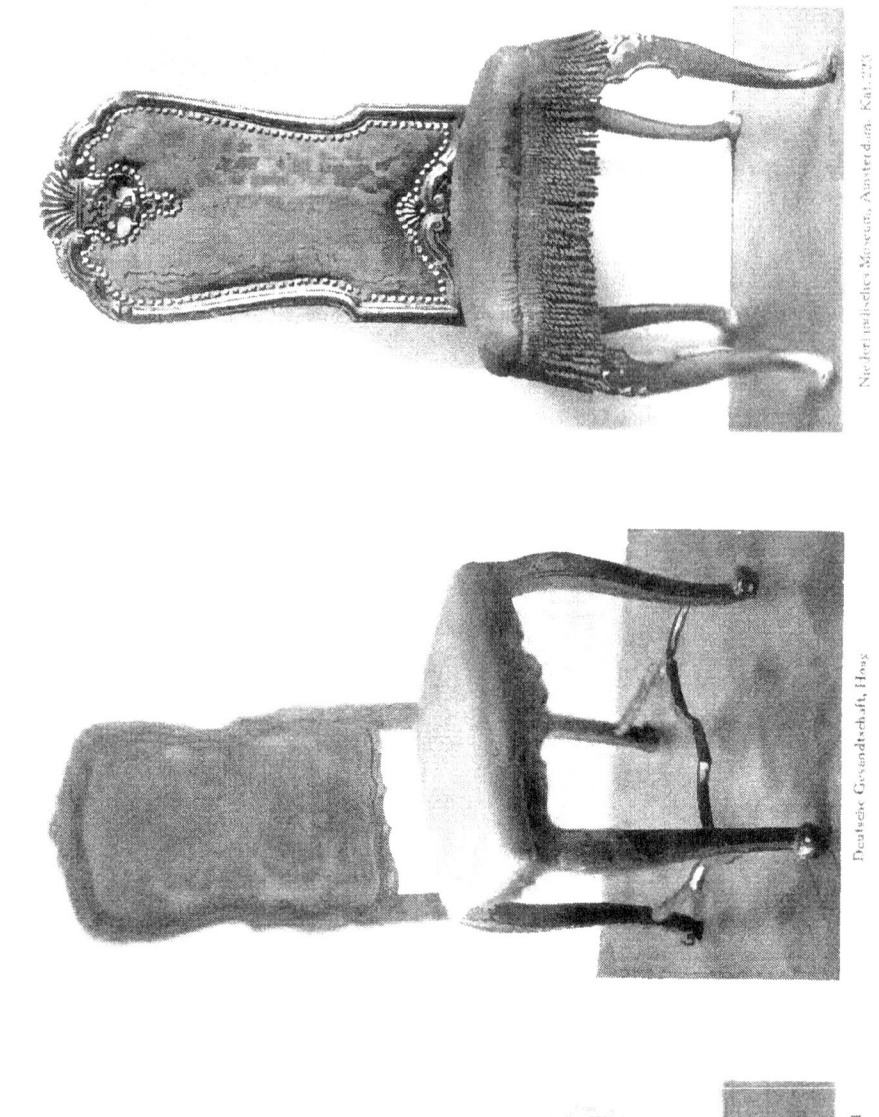

337. Stuhl aus Nußholz mit Schnitzerei. Roter Wollplüschüberzug neu. Um 1740. — 338. Stuhl aus Nußholz, dunkel gebeizt. Um 1730. — 339. Stuhl aus Nußholz. Rot moirierter Leinenbezug später. Um 1740

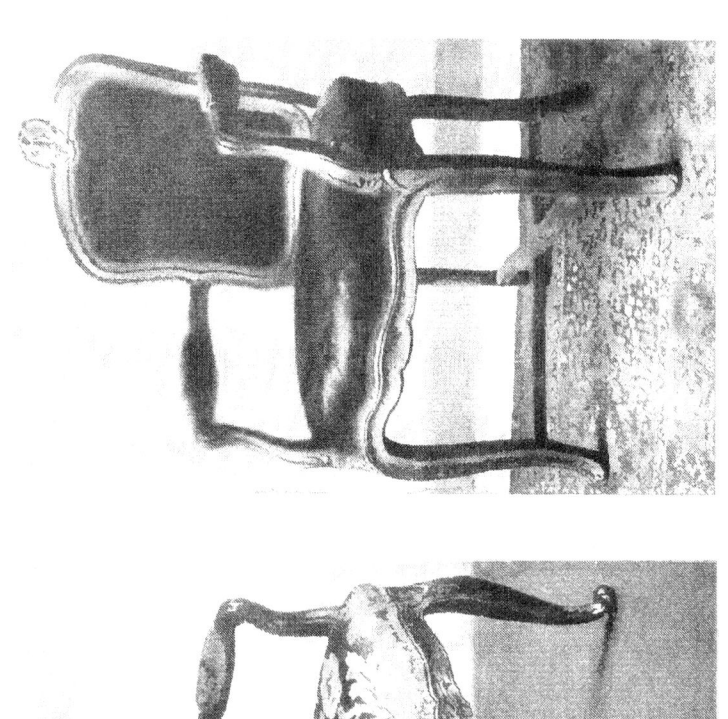
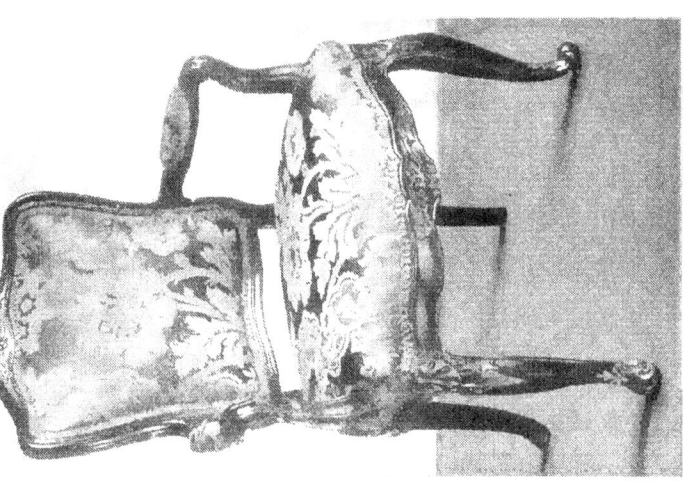

Zentralmuseum, Utrecht

Graf van Aldenburg-Bentinck, Schloß Amerongen

Fresch-Museum, Leeuwarden

340. Sessel aus Nußbaumholz mit Schnitzerei und Wappen des Fürsten von Oranien. Bezug neu. Um 1740. — 341. Sessel aus Nußholz mit Bezug aus rotem Seidendamast. Um 1750. — 342. Lehnstuhl aus Nußholz. Um 1750

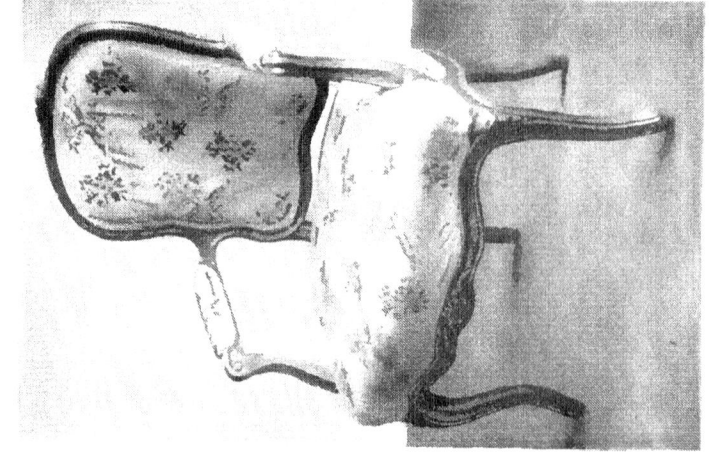

Baronin Clifford, Haag

Baron de Snelh van Alpheen, Haag

343. Sessel aus Nußholz. Rohrgeflecht erneuert. Um 1730. — 344. Stuhl aus Nußholz mit erneuertem Polsterbezug. Um 1730. — 345. Sessel aus Nußholz. Bezug neu. Um 1730

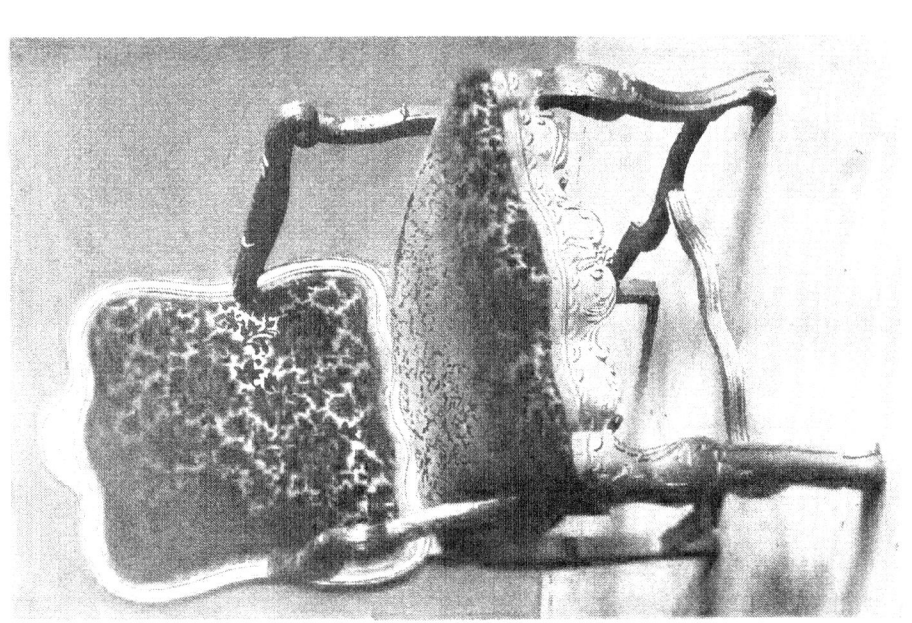

345. Sessel aus Mahagoni. Angefertigt 1717 für den Stadthalter zu den Sitzungen der Städtischen Behörden. Bezug später. —
347. Sessel aus Nußholz mit alter Stickerei. Um 1730

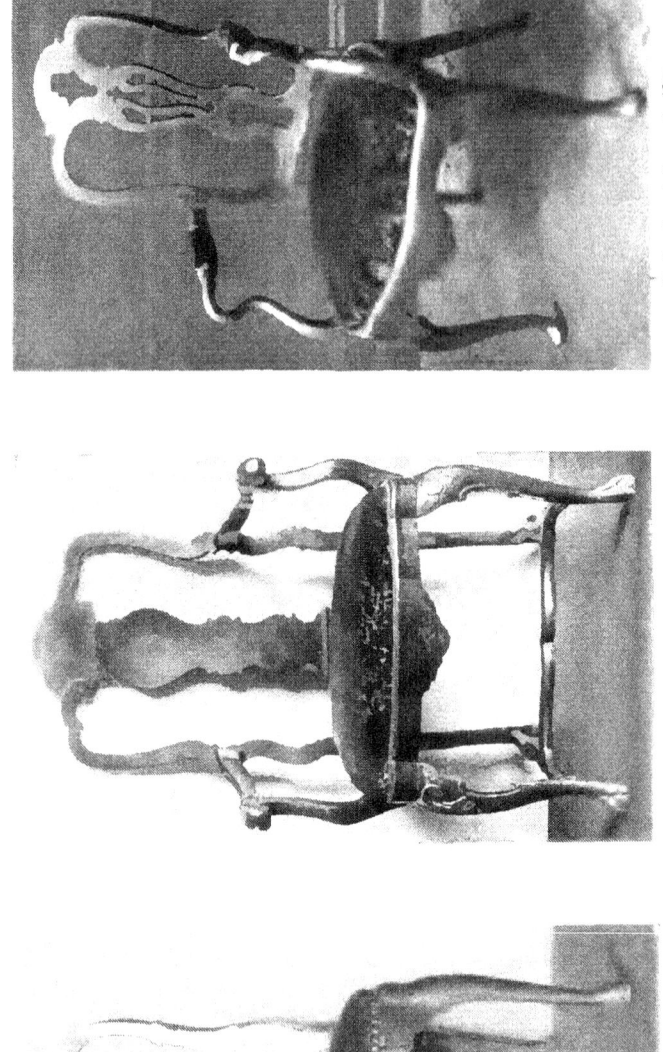

Niederländisches Museum, Amsterdam. Kat. 250

Niederländisches Museum, Amsterdam. Kat. 251

Fredrik Sterak Hofjuwele, Haag

348. Stuhl aus Ulmenholz mit lose eingelegtem Kissen. Plüschbezug bronzegrün. Zweite Hälfte des 18. Jahrhunderts. — 349. Sessel aus Ulmenholz. Lehne mit Nußwurzel furniert. Zweite Hälfte des 18. Jahrhunderts. — 350. Sessel aus Ulmenholz. Bezug neu. Um 1700

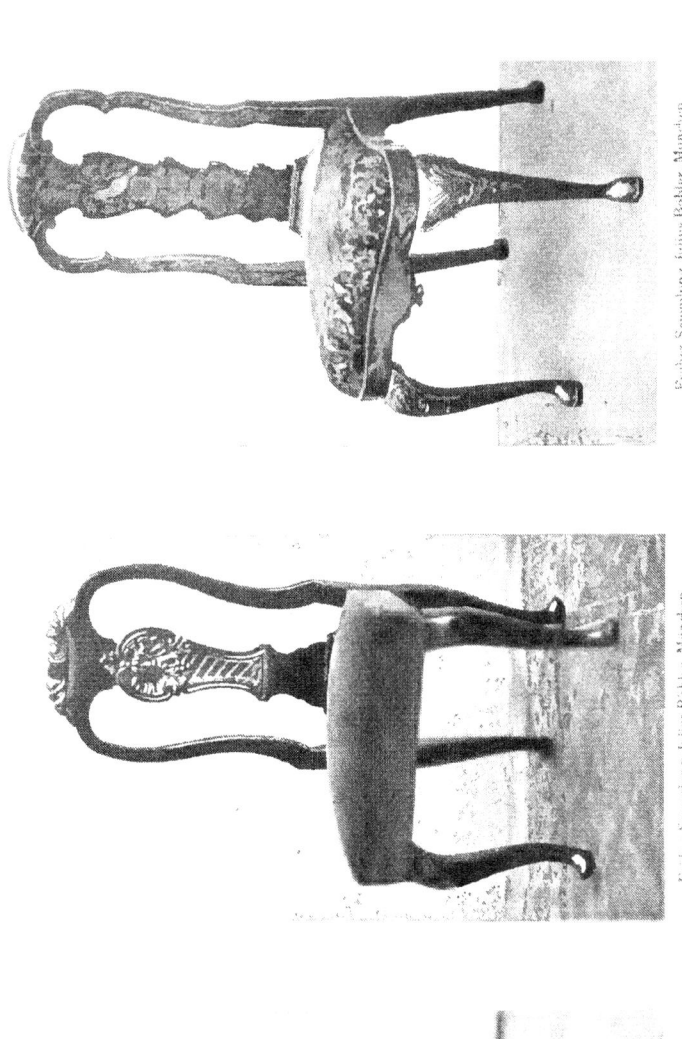

Früher Sammlung L. Bernheimer, München

Früher Sammlung Julius Böhler, München

Früher Sammlung Julius Böhler, München

351. Stuhl aus Nußbaumholz mit Nußwurzel im Rückenmittelstück. Um 1740. — 352. Stuhl aus Nußbaumholz mit geschnitzter Lehne.
Um 1750. — 353. Stuhl aus Nußbaumholz mit farbigen Einlagen. Um 1750

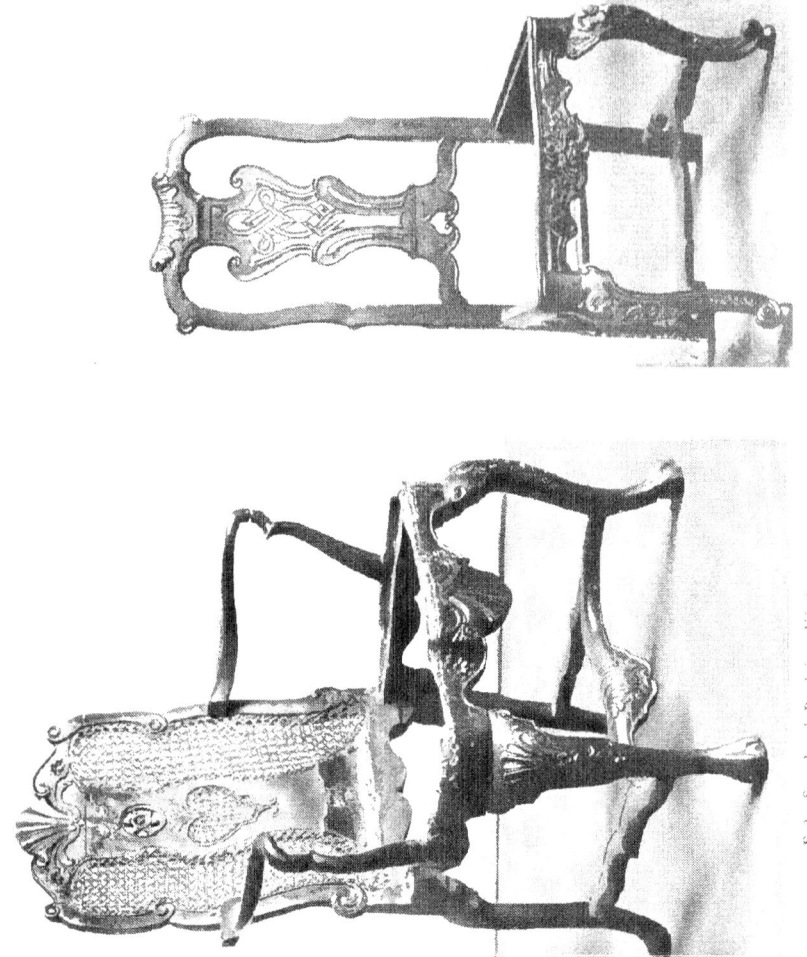

Früher Sammlung L. Bernheimer, München

Früher Sammlung L. Bernheimer, München

Früher Sammlung L. Bernheimer, München

354, 356. Geschnitzte Stühle aus Nußbaumholz., Um 1740. — 355. Geschnitzter Armlehnsessel aus Nußbaumholz mit Rohrgeflecht. Um 1730.

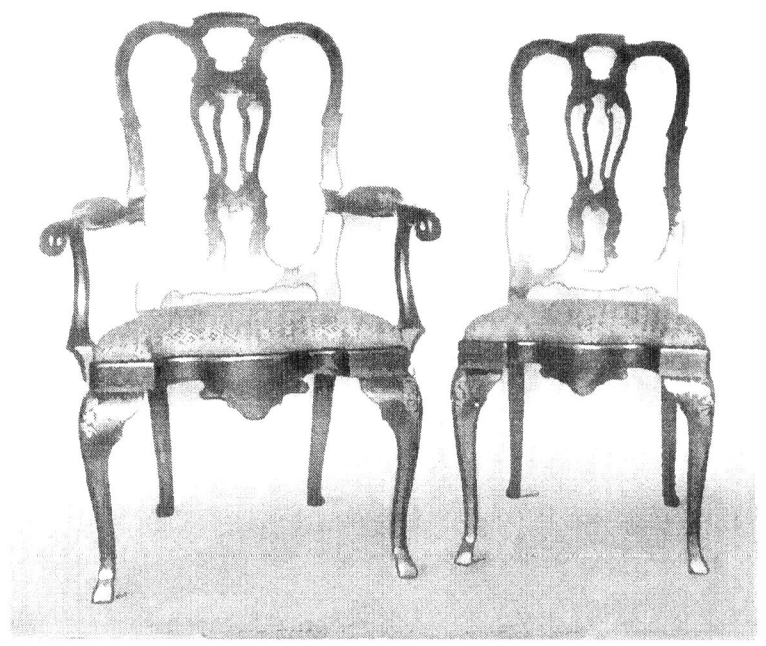

357, 358. Garnitur aus Nußbaumholz. Stoffbezug neu. Um 1740

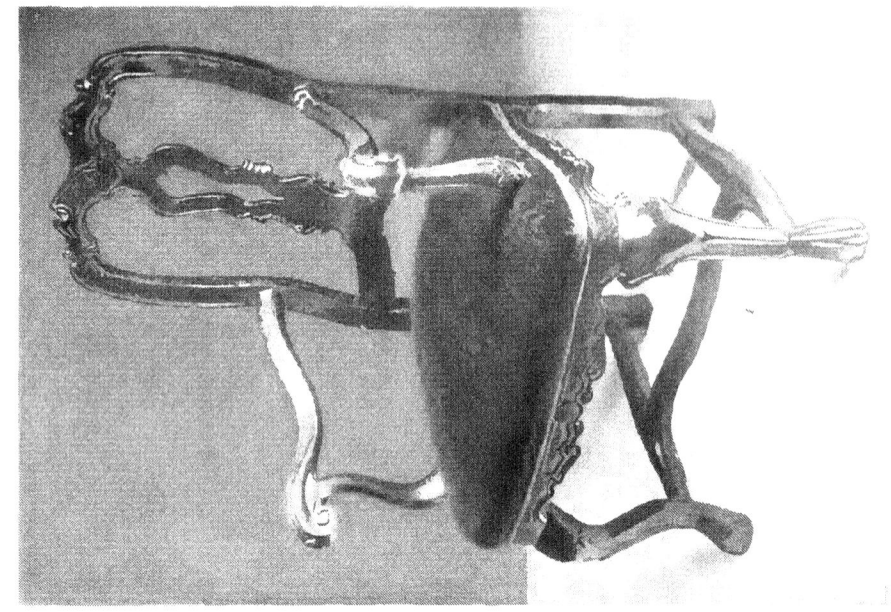

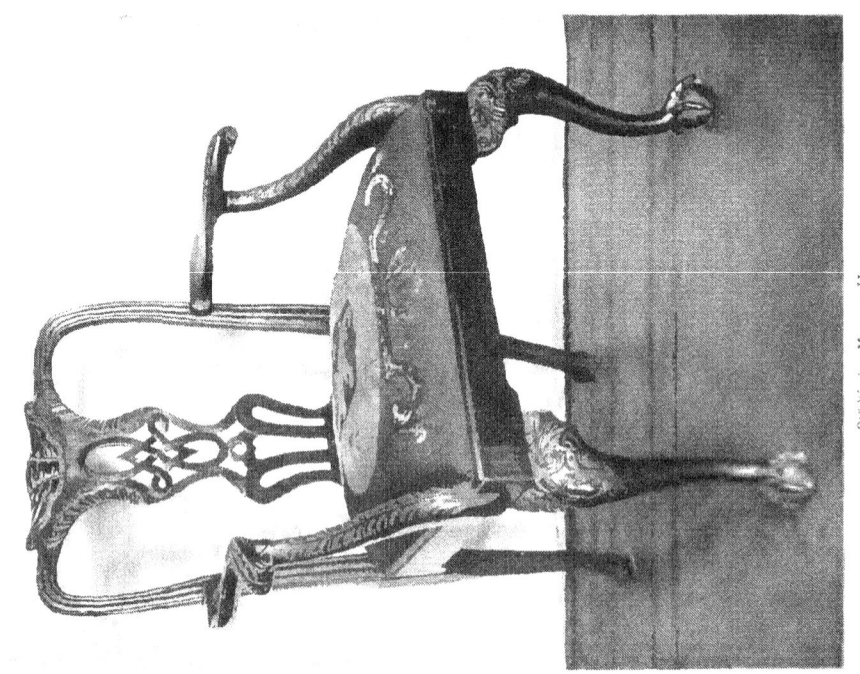

359. Sessel aus Mahagoniholz mit besticktem Bezug. Um 1750. — *360.* Sessel aus Nußholz mit rotem Bezug. Um 1750

Frau van den Broeck d'Anberom, Haag

Frau van den Broeck d'Anberom, Haag

361. Stuhl aus indischem Holz. Um 1730. — *362.* Stuhl aus indischem Holz. Um 1740

Niederländisches Museum, Amsterdam, Kat. 255

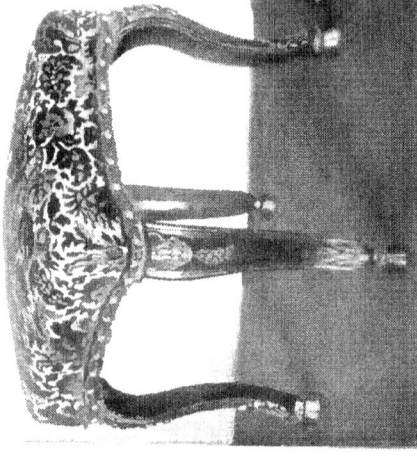

Privatbesitz

Niederländisches Museum, Amsterdam, Kat. 253

363. Schemel aus Nußholz mit alter Tapisserie. Um 1700. — *364.* Sessel aus Nußholz. Bezug neu. Um 1720. — *365.* Schemel aus Nußholz
mit Rohrsitz. 18. Jahrhundert

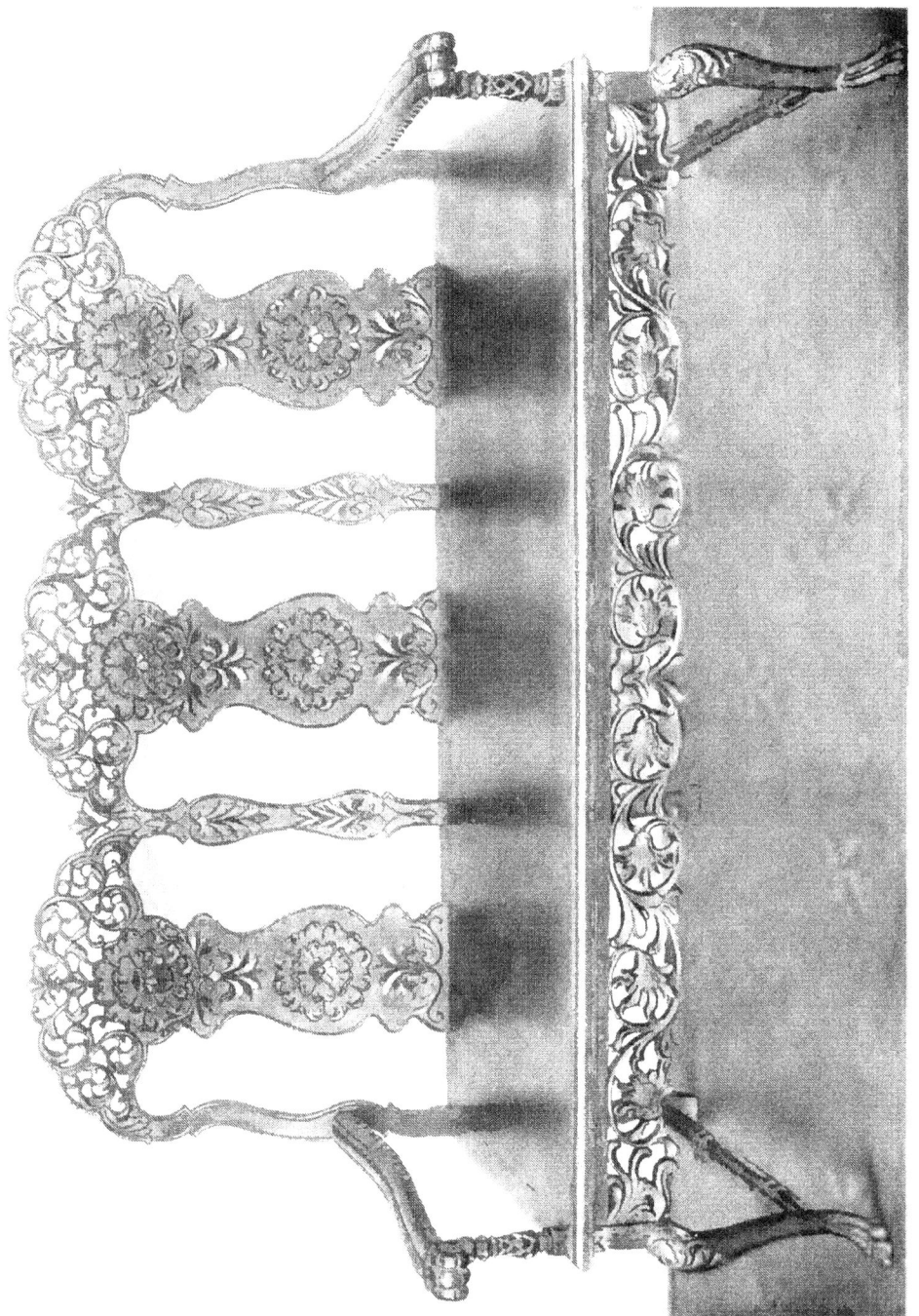

Frau van den Boeck d'Aubreoan, Haag

366. Bank aus indischem Holz mit Schnitzerei. Erste Hälfte des 18. Jahrhunderts

Freifrau Loudon, Haag

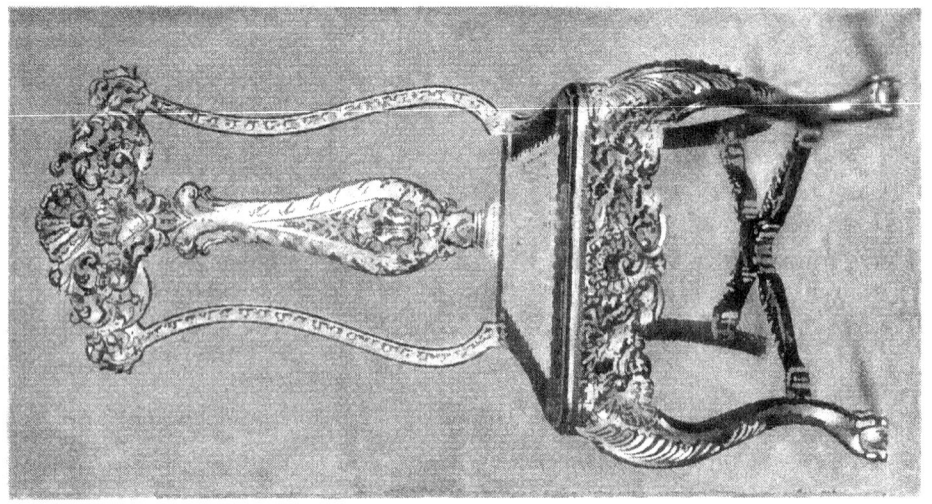

Freifrau Loudon, Haag

367. Stuhl aus indischem Holz mit neuem Rohrgeflecht. Um 1740. — 368. Sessel aus Nußholz, vom indischen Stil beeinflußt.
Um 1750

Früher Sammlung Julius Böhler, München

Freifrau Leuchs, Haag

Bank. ... Buchsbaumholz mit Schnitzereien und Einlagen. Polsterung neu. Mitte des 18. Jahr-
... Bank aus indischem Holz mit Schnitzereien. Um 1710

Graf van Aldenburg-Bentinck, Schloß Amerongen

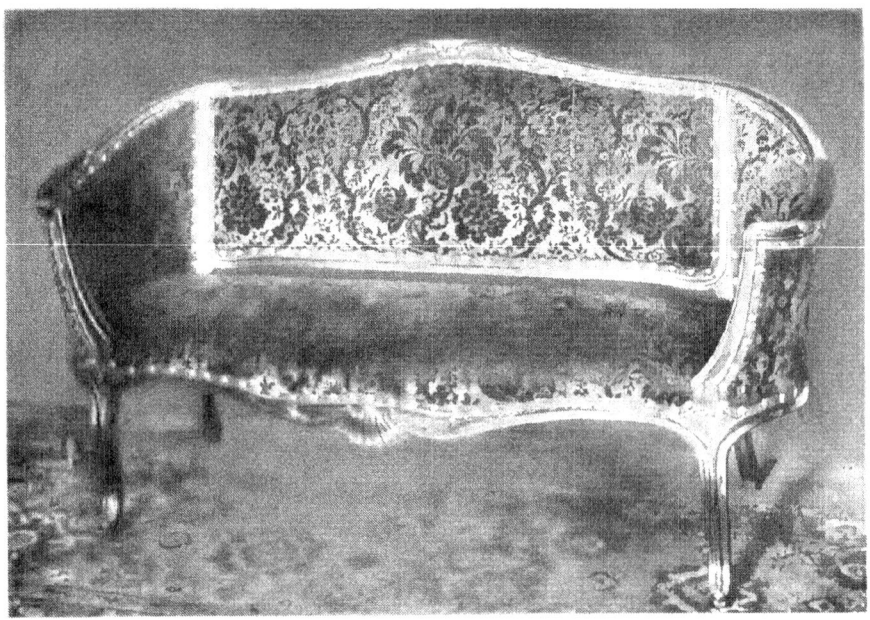

Freifrau Snouck-Hurgronje, Haag

371. Sofa aus Nußholz mit rotem Seidendamast bezogen. Um 1750. — *372.* Sofa aus Nußholz
mit grünem Polsterbezug. Um 1750

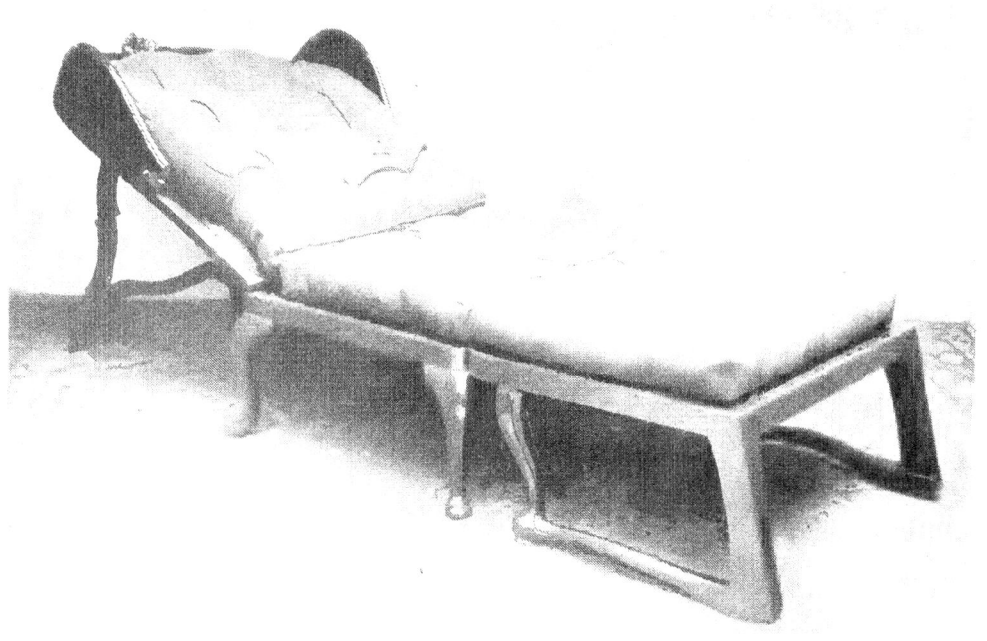

373. Sessel aus Nußholz zur Liegebank verstellbar. Dem Polster fehlt der Überzug. Um 1760

Städtisches Museum, Amsterdam

Freifrau Snouck Hurgronje, Haag

374. Bank, grün und gold gestrichen. Um 1700. — 375. Bank aus Lindenholz.
Anstrich neu. Um 1700

376. Bank aus geschnitztem Holz mit weißem Anstrich. Um 1720.   377. Bank aus
geschnitztem Eichenholz. Um 1720

Museum Boymans, Rotterdam

Gemäldegalerie Mauritshuis, Haag

378. Bank aus Nußholz. Um 1720. — 379. Bank aus Eichenholz. Um 1720

380. Bank aus Nußholz. Anstrich neu. Um 1700. — 381. Bank aus Lindenholz. Um 1730

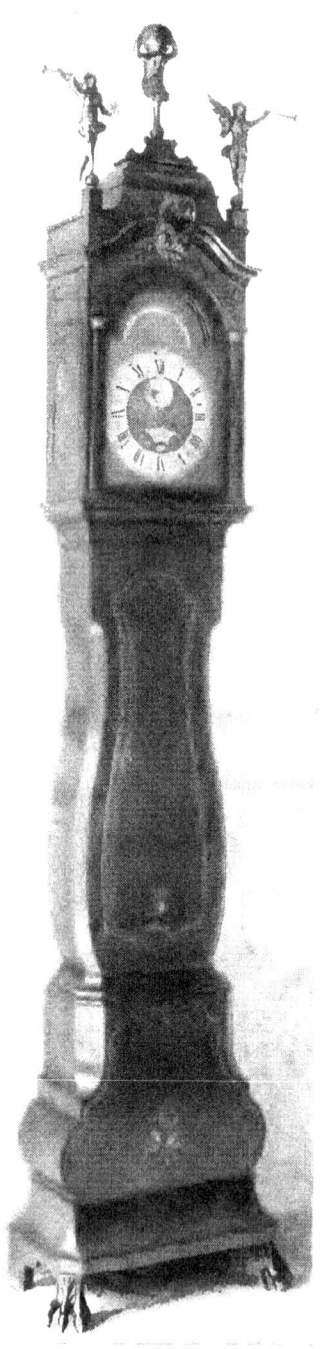

382. Standuhr mit Gehäuse aus Nußwurzelholz. Gehwerk signiert: Jan Bernardus Vrythot,
's Hage. Erste Hälfte des 18. Jahrhunderts. — *383.* Standuhr mit Gehäuse aus Nußwurzelholz
und Satinholz-Einlagen. Gehwerk signiert: A. Vermeulen, Amsterdam. Erste Hälfte des
18. Jahrhunderts

384. Standuhr mit Gehäuse aus Nußwurzelholz. Gehwerk signiert: Paulus Bramer, Amsterdam. — 385. Standuhr mit Gehäuse aus Nußwurzelholz mit bauchigem Untersatz. Gehwerk signiert: Tosma Grouw (Friesland). Mitte des 18. Jahrhunderts

386. Standuhr mit Gehäuse aus Nußwurzelholz. Erste Hälfte des 18. Jahrhunderts. — 387. Standuhr mit
Gehäuse aus Nußwurzelholz. Erste Hälfte des 18. Jahrhunderts. — 388. Standuhr mit Gehäuse aus Nußwurzelholz. Gehwerk signiert: Kroese, Amsterdam. Erste Hälfte des 18. Jahrhunderts

Franziskanerpfarrei, Amsterdam   Franziskanerpfarrei, Amsterdam   Baron Bentinck, Wassenaar, Teylingerhorst

389–390. Standuhr in holländischer Boullearbeit mit Einlagen aus Ebenholz, Schildpatt, Messing, Silber und
Perlmutter. Um 1720. — 391. Standuhr mit Gehäuse aus Nußwurzelholz. Gehwerk signiert: Pieter Brandt,
Amsterdam. Erste Hälfte des 18. Jahrhunderts

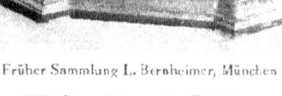
Früher Sammlung L. Bernheimer, München

Früher Sammlung L. Bernheimer, München

392. Standuhr mit Gehäuse aus Mahagoni. Um 1745. Die Füße fehlen. — *393.* Standuhr
mit Gehäuse aus Nußwurzelholz mit Intarsien und Schnitzereien. Um 1750

304. Standuhr mit Gehäuse aus Nußwurzelholz. Das Gehwerk signiert: Hermanus Smit, Amsterdam. Mitte des 18. Jahrhunderts. —
305. Standuhr mit Gehäuse aus Nußbaumholz und Marketerie. Mitte des 18. Jahrhunderts. — *306.* Standuhr mit Gehäuse aus Nuß-

Gr. v. d. Mülbergs-Bentinck, Schlofs Aarvangen.

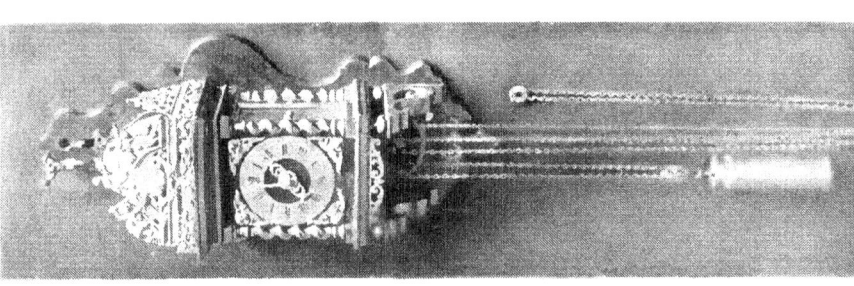

Niederländisches Museum, Amsterdam.
Kat. 297.

Städtisches Museum, Haag.

397. Uhr mit geschnitztem Gehäuse und Malerei. Um 1750. Signiert: Gt. Ter Vooren, Amsterdam. — 398. Wanduhr, Ebenholz furniert mit Messingzierat. Um 1700. — 399. Kleine Schreibkassette mit Spiegel. Schwarze Lackmalerei mit Gold auf chinesische Art. Um 1730

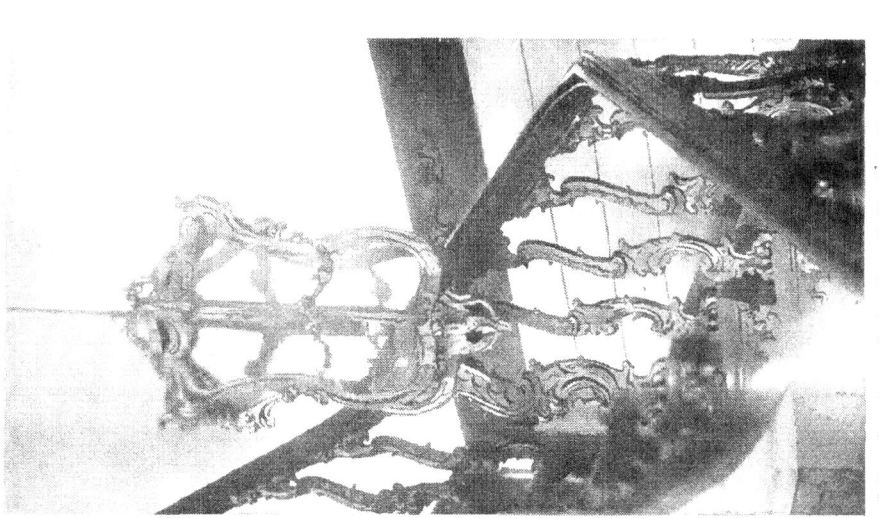

Freiherr Groeninx van Zoelen, Haus „De Donck" bei Rotterdam

Oudheidkamer, Middelburg

„Notarshuis", Rotterdam

400. Hölzerne Laterne mit goldenem Anstrich, innen rot. Um 1760. — *401.* Waschbecken aus blauem Kalkstein. Um 1750. — *402.* Waschbecken
mit Uhr. Becken und Hahn neu. Um 1780

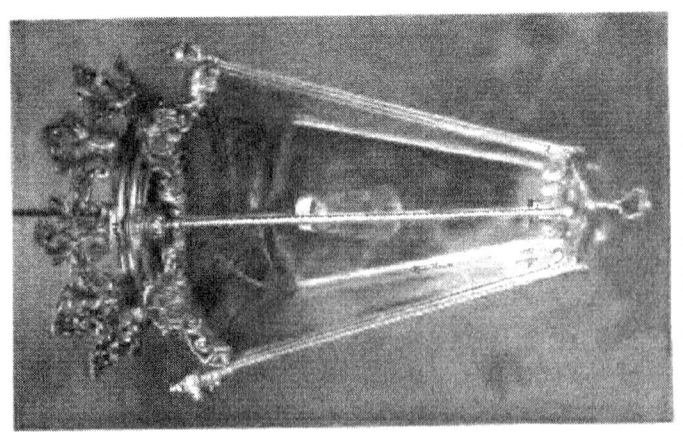

Baron de Smeth van Alphen, Haag

405. Vergoldete Laterne aus Blei.
Um 1680. —

Freiherr van Leon, Haag

404. Vergoldeter Wandleuchter aus Holz. Um
1730

Niederländisches Museum, Amsterdam

403. Vergoldeter hölzerner Kronleuchter. Um 1700. —

Niederländisches Museum, Amsterdam, Kat. 275

407. Vergoldeter Rahmen. Oberteil des Reiters neu. Mitte des 17. Jahrhunderts

Freiherr von Loën, Haag

406. Vergoldeter Rahmen mit Jagdemblemen. Um 1680. —

233

Städtisches Museum Haag

Freifrau Speelman Wassenaar, Haus de Wittenburg

408. Geschnitzter Holzrahmen mit Bild von Hanneman. Um 1680. — *409.* Vergoldeter Rahmen mit Marineemblemen. Um 1680

111. Spiegel mit vergoldetem Rahmen. Um 1680

110. Spiegel mit vergoldetem Rahmen. Um 1700. —

413. Spiegel mit vergoldetem Rahmen. Um 1710

412. Spiegel mit vergoldetem Rahmen. Um 1710. — 413. Spiegel mit vergoldetem Rahmen. Um 1710

Freifrau Spechtan, Wassenaar, Haus de Wittenburg

Baron de Smeth van Alphen, Haag

Freifrau Huyssen van Kattendyke, Haag

414. Spiegel mit vergoldetem Rahmen. Um 1720. — 415. Spiegel mit vergoldetem Rahmen. Um 1720. — 416. Spiegel mit vergoldetem Rahmen.
Um 1720

Reichs-Museum „Huis Lambert van Meeten" Delft

Freiherr Groenix van Zoelen, Haag

417. Vergoldeter Rahmen aus Eichenholz. Wappen neu. Um 1750. — *418.* Rahmen aus Eichenholz mit dunklem Anstrich. Um 1730

Freiherr Groeninx van Zoelen, Haag

420. Rahmen aus Eichenholz mit abgelaugter Vergoldung. Mitte des 18. Jahrhunderts

Freiherr Groeninx van Zoelen, Haag

419. Vergoldeter Rahmen. Um 1750. — 420. Rahmen aus Eichenholz mit abgelaugter Vergoldung. Mitte des 18. Jahrhunderts

Baron Bentinck, Wassenaar. Haus Teylingerhorst

Freifrau Snouck Hurgronje, Haag

421. Spiegelrahmen (?) weiss mit Gold gestrichen. Um 1750. — 422. Regal mit Spiegeln.
Bemalung neu. Um 1760

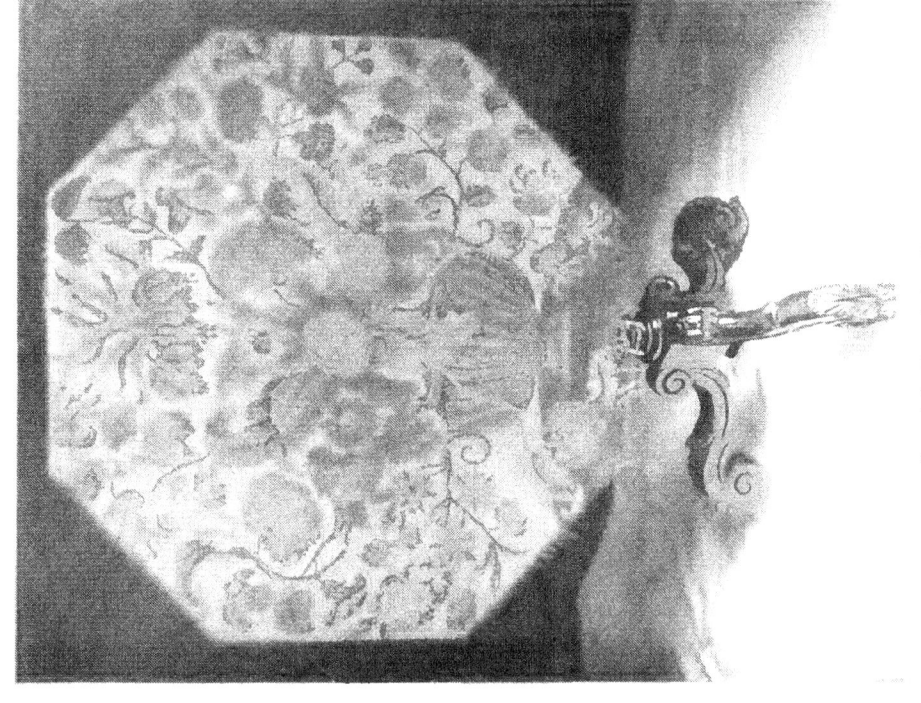

423. Ofenschirm aus Nußholz mit alter Stickerei. Um 1750. — 424. Tisch aus Nußholz, mit alter Stickerei überzogen. Um 1710

Museum Willet-Holthuysen,
Amsterdam

Baron de Smeth,
van Alph. u. Haag

Niederländisches Museum, Amsterdam,
Kat. 305

Graf van Aldenburg-Bentinc,
Schloß Amerongen

Pavillon Sypesteyn, Groß-Loosdrecht,
Haag

425. Barometer aus Nußwurzelholz. Signiert: Prins Amsterdam. Um 1740. — *426.* Barometer aus Nußholz und schwarzgebeiztem Eichenholz. Metall-
werk signiert: J. St. Pietra Bongiani en Comp. fecit Utrecht. Um 1750. — *427.* Barometer in geschnitztem Gehäuse aus Nußholz, gelb gestrichen.
Das Instrument signiert: N. Lanekamp 1769. — *428.* Barometer aus Nußholz. Um 1730. — *429.* Barometer aus Nußholz mit ausgeschnittenen und
gravierten Silberplatten. Um 1760

DRUCK DER HOFFMANN'SCHEN BUCHDRUCKEREI (FELIX KRAIS) IN STUTTGART UND DER STUTTGARTER VEREINSBUCHDRUCKEREI
COPYRIGHT 1922 BY JULIUS HOFFMANN, STUTTGART

DIE BAUFORMEN-BIBLIOTHEK

Stand vom 1. Oktober 1927

Einzelprospekte soweit vorhanden kostenlos

JULIUS HOFFMANN VERLAG STUTTGART

CPSIA information can be obtained at www.ICGtesting.com
Printed in the USA
BVOW08s1818121114

374847BV00004B/14/P

9 781246 153514